Antología poética

José Emilio Pacheco

Antología poética

Selección e introducción de Andrés Catalán

 **Alianza** editorial
El libro de bolsillo

Primera edición: mayo de 2026

Diseño de colección: Estrada Design
Diseño de cubierta: Manuel Estrada
Fotografía de Javier Ayuso

PAPEL DE FIBRA
CERTIFICADA

ISBN: 979-13-7009-252-8
Depósito legal: M. 3.178-2026
Printed in Spain

Índice

De *Siglo pasado (desenlace)* [2000]

De *Como la lluvia* [2009]

De *La edad de las tinieblas* [2009]

Basta mirar lo que sucede: la poesía de J. E. Pacheco

Como la vida, la poesía: dos banales fugacidades, dos llamaradas cuyo fin es el polvo y la ceniza. Y pese a ello, vivir escribiendo la vida a la vez que se vive la escritura, aunque de nada valga, aunque sea lo único que merezca la pena. En esa paradoja, en esa empresa de Sísifo –nunca optimista, siempre feliz– que es lugar común de tantas producciones poéticas, se encuentra la médula de la obra de José Emilio Pacheco. Lugar común de tantas, sí, pero pocos como el mexicano han sabido expresar y vivir la contradicción de la empresa. Y no solo de expresarla hasta sus últimas consecuencias, sino de mil y una maneras diferentes. Pacheco es autor de una obra que abarca también la narrativa, el teatro, el guion cinematográfico, la traducción –la más ortodoxa pero también en forma de lo que él llamó «aproximaciones»–, el periodismo y la crítica literaria. Su extensa producción poética se encuentra integrada en catorce libros (el primero es de 1963, el último de 2009) que iría reuniendo a partir de 1980, junto a otros textos poéticos aparecidos por separado, en el volumen *Tarde o temprano*, cuya edición definitiva es de 2010. Unitaria y a la vez diversa, su voz lírica evolucionó desde el simbolismo ensimismado y profético de sus dos primeros libros, *Los elementos de la noche* (1963) y *El reposo del fuego* (1966), a un conversacionalismo casi siempre irónico que no desdeña lo inmediato ni lo social y que se salpica de humor a partir de *No me preguntes cómo pasa el tiempo* (1969). A lo largo de los siguientes libros iría variando de matices, depurándose sin perder autenticidad, incorporando nuevos registros, planteamientos, temas y una extraordinaria variedad de formas al tiempo que absorbía y transformaba vivencias y experiencias lectoras procedentes de la ingente cultura literaria de su autor.

El tiempo, como revelan tantos títulos de sus libros, es la preocupación fundamental de la poesía de Pacheco, pero no la única. Del mismo modo, el sentido trágico de la vida, la visión desoladora y el pesimismo lúcido[1] son la marca de la casa, pero no faltan apuntes y destellos de alegría y consuelo, exacerbados precisamente por la conciencia de una brevedad que tiene en su aceptación su mayor razón para la dicha: su poema «Contraelegía» termina diciendo: «Mi punzante estribillo es *nunca*

---

1. Poniatowska diría de él: «Junto con Carlos Monsivais [es] el hombre más informado de México y en México estar informado es ser naturalmente pesimista».

más. / Y sin embargo amo este cambio perpetuo, / este variar segundo tras segundo, / porque sin él lo que llamamos vida / sería de piedra». Octavio Paz lo diría de esta forma: «cada poema de Pacheco es un homenaje al No; para José Emilio el tiempo es el agente de la destrucción universal y la historia es un paisaje en ruinas. [...] Por fortuna no siempre es así. Puesto que todos somos dobles, una y otra vez irrumpe en sus poemas la voz del Sí»[2].

En todo caso, aunque sus poemas nunca dejarán de ser una conversación con la fugacidad, es en los dos primeros libros donde la obsesión con el tiempo se demuestra fundamental. Escritos entre sus dieciocho y veintidós años, los poemas de *Los elementos de la noche* (1963) son herméticos y discurren alejados de la anécdota. Presididos por una cita de Tzara («Si las palabras no fueran más que signos / sellos pegados a las cosas, / ¿qué quedaría? / polvo / gestos / tiempo perdido / no habría ni alegría ni pena / por este mundo absurdo»[3]), no faltan en ellos imágenes surrealistas. La forma, aunque variada –sonetos, octavas reales, liras, poemas en prosa, verso blanco– es mucho más controlada que en los poemarios posteriores y transmite una sensación de frialdad intelectual y de distanciamiento emocional; el tono es elegiaco, introspectivo y un tanto impersonal. Con esto no quiero decir que se trate de poemas inmaduros. Al contrario. Vargas Llosa, de hecho, haría notar «la ausencia

---

2. *Sombras de obras*, Seix Barral, Barcelona, 1983, p. 248.
3. La traducción es mía; Pacheco incluyó la cita en el francés original.

de ese primer balbuceo y de indecisión frecuente en el poeta que comienza»[4] y José Miguel Oviedo diría que «eran frutos muy meditados, cuya tersa factura envidiaría un poeta mayor y con más largo oficio. Sin embargo, la voz que Pacheco articulaba en esos textos aparecía oscurecida por el peso de su propia destreza retórica»[5].

El primer poemario de Pacheco es un libro en que nada permanente sobrevive y en el que las cosas solo hablan el lenguaje del polvo: su primer poema declara en un verso que «mientras avanza el día se devora». Más adelante, el texto que da título al libro sirve de muestra del alcance de una devastación que abarca la totalidad del mundo: el verano, los valles, las ciudades y bosques, la tierra, las fuentes, las palabras, el vuelo de los pájaros, nada resiste ante el deshacerse de los días; pero es un mundo abstracto, alejado de la concreción de los poemas escritos a partir del tercer libro. Una serie de elementos clave de la obra de Pacheco, sin embargo, se inaugura ya aquí: además de la visión catastrófica de la existencia en todas sus dimensiones, encontramos el *ritornello* de ciertas palabras queridas del autor (el mar, la noche, la luz, la arena, el fuego, el polvo, la memoria, la ruina), el espejo existencial o moral de los animales, el diálogo con el otro («Frágil perseguidor que eres tú mis-

4. «La poesía de José Emilio Pacheco», en *La hoguera y el viento: José Emilio Pacheco ante la crítica*, Ediciones Era, México D.F., 1994.
5. «José Emilio Pacheco: la poesía como *ready-made*», en *La hoguera y el viento: José Emilio Pacheco ante la crítica*, Ediciones Era, México D.F., 1994.

mo, / lo has obligado a ser, en guardia siempre, / el minucioso espejo que no olvida») y la relación con otros autores, tanto en forma de huella o intertexto (Octavio Paz, Borges, Cernuda, Villaurrutia) como en las «aproximaciones» que cierran, como cerrarán varios libros posteriores, el volumen: en este caso versiones libres de Donne, Baudelaire, Rimbaud o Quasimodo.

El segundo libro, *El reposo del fuego,* aparecido en 1966, tiene una estructura singular. Pacheco organiza generalmente sus libros en secciones con su propio título, una suerte de reuniones de cuadernillos con unidad interna[6], pero en este caso, aunque dividido en tres secciones o cantos de 15 poemas cada uno, se trata en realidad de un solo ciclo con cierta unidad formal en la que predominan los endecasílabos y heptasílabos de la silva. Encabezado por citas del Robert Lowell más oscuro, de Mallarmé –estas dos desaparecidas en ediciones posteriores– y del libro de Job («No anheles la noche / en que desaparecen los pueblos de su lugar»), este largo poema hermético, de tono visionario y profético, debe mucho al pensamiento de Heráclito y tiene buena parte de su clave interpretativa precisamente en el fragmento titulado «Don de Heráclito». Los protagonistas del libro son en este caso los elementos, sobre todo el fuego del título, a

---

6. El autor lo explicaría así en el prólogo a la primera edición de *Tarde o temprano*: «Para algunos autores la unidad de composición es el libro [...]. Por mi parte, [...] procedo por cuadernos o capítulos que tienen cierta unidad interna o aspiran a ella. Con objeto de no aumentar innecesariamente mi bibliografía, preferí no publicarlos uno por uno, sino en volúmenes divididos en secciones».

la vez destructor y origen de la creación, holocausto a la vez que luz y renacimiento cíclico, opuesto a un agua que es símbolo del cambio permanente y de la sed. Entre el movimiento y la quietud, en una danza de reiteraciones, variaciones y correspondencias simbólicas en las que abundan la paradoja y el oxímoron, agua, aire, tierra y fuego se entrelazan verso tras verso ante la conciencia poética que no tiene más remedio que contemplarla derrotada y perpleja hasta que «sobreviene el intenso garabato, / el febril desdibujo de la muerte». «Miro sin comprender, busco el sentido / de estos hechos brutales», dirá; y más tarde: «se han extraviado ya todas las claves». Pero a la vez que un abstracto y metafísico mundo en ruinas en el que la historia es «sangre y odio», «hambre y destierro» alcanza su concreción en la tercera parte en forma de las miserias vitales y morales del México pasado y presente –reaccionando a una situación política y social que se explicitaría del todo en el libro siguiente–, el lenguaje poético va cobrando valor de resistencia o asidero ante el holocausto, frente al cual la voz poética desdeña la humillación y el llanto y opta por la rebeldía. Y aunque el producto resulte ser efímero («Es hoguera el poema / y no perdura / Hoja al viento») y la tarea pueda ser tanto frustrante –dado que las palabras o no rozan la realidad («Y no es esto lo que intento decir. / Es otra cosa») o la devoran igual que hacen las llamas («Cada poema / epitafio del fuego»)– como ardua («Hay que darse valor para hacer esto: / escribir cuando rondan las paredes / uñas airadas, animales ciegos»), la conclusión es rotunda: «No es posible callar, comer silencio». El poeta se resigna a hacer pues ruinas de lo ruinoso, fugacidad de lo fugaz y, como Cocteau, si tuviera que salvar algo de la casa en llamas elige llevarse el fuego.

El malestar de la época se encarnará en un nuevo estilo. El tercer libro, tal vez el más conocido de Pacheco, *No me preguntes cómo pasa el tiempo* (1969), inaugura una serie de textos en los que la distancia que proveían la altura retórica, la oscuridad profética y la abstracción se sustituye, pie en tierra, por la ironía y el sarcasmo ejercidos sobre la realidad transparente (aunque engañosa) del *hic et nunc*. Precisamente en «Transparencia de los enigmas», segundo poema del libro incluido en una sección que se titula significativamente «En estas circunstancias», dirá: «El mundo ya está harto de profetas; el óxido se adueña de sus visiones. La historia tiene el deber de trastornar las profecías. [...] Basta mirar lo que sucede». Ya en *En el reposo del fuego* el autor había dejado constancia de un México cambiado: «La ciudad en estos años cambió tanto / que ya no es mi ciudad». Pero debía pasar algún tiempo para que Pacheco pudiera explicitar en la estética las preocupaciones éticas antes veladas. El México actual ya no era aquel en el que habían transcurrido su infancia y adolescencia y en el que, que bajo los gobiernos de Ruiz Cortines y López Mateos, la vida había resultado placentera para la clase media urbana. Desde hacía unos años, en cambio, el país vivía bajo la amenaza creciente y la tensión política, económica y cultural que marcó el gobierno de Díaz Ordaz y que desembocaría en la creación del Batallón Olimpia y los tristes acontecimientos de la Matanza de Tlatelolco el 2 de octubre de 1968. También el mundo era otro: eran los años de una contracultura global que reaccionaba con formas nuevas a las viejas y que soñaba con un nuevo orden que sustituyera al antiguo. Y si en los Estados Unidos la segunda mitad de los cincuenta habían sido los años de los *beatniks* y el aullido de Ginsberg, años más tarde, en Hispanoamérica, la Revolución Cubana dejaría su huella en toda una generación:

> Para los que teníamos 20 años en 1959, la Revolución Cubana fue un acontecimiento que nos sacudió con la misma fuerza que la Guerra de España debe de haber ejercido en la generación de Paz y Efraín Huerta. Fin de una era y comienzo de otra, espada de fuego, nos arrojó de una arcadia apolítica, de un limbo estetizante donde el mayor problema era luchar contra el *que o* el exterminio radical del gerundio

declararía el autor a finales de los sesenta. Como Rosario Castellanos, Eduardo Lizalde, Jaime Sabines, Ernesto Cardenal (una cita suya encabeza *No me preguntes cómo pasa el tiempo*) o a su manera Nicanor Parra y su antipoesía, Pacheco ingresaría en una corriente que se calificaría de realismo coloquial.

Haciendo suya la máxima de Machado de describir «lo que pasa en la calle» en lugar de «los eventos consuetudinarios que acontecen en la rúa» y la convicción también machadiana de que la poesía no es «ni mármol duro y eterno, / ni música ni pintura, / sino palabra en el tiempo [...] Canto y cuento es la poesía», el poeta suma a un registro conversacional –que no desdeña lo musical– su propia suma de ironía, retranca, irreverencia crítica, irrisión y escepticismo. José Miguel Oviedo dirá que el nuevo estilo es fruto del

> paso de una actitud filosófica a otra más bien existencial y crítica [...] Ante la alternativa del silencio o la confusión babélica de la retórica, el poeta opta por un decir escueto, como de borrador, a medias entre la prosa y el verso, entre el análisis y la síntesis, profundamente marcado por la clara conciencia de su carácter efímero y absurdo. El acto poético se ha reducido a proporciones realmente angustiosas: un breve fulgor, quizás ilusorio, en medio de la oscuridad o la insensatez contemporánea. Ningún sentido de grandeza ni de realización lo alientan: nace del desencanto y naufraga en él. Una terrible sensación de fugacidad, pérdida y futilidad inspira estos versos secos y ardidos. La pulcra reserva emotiva de *El reposo del fuego* se ha convertido en un amargo estoicismo que se disimula tras una mueca de sarcasmo[7].

El tema del tiempo, aludido irónicamente en el título, sigue estando presente, pero los poemas se abren, al mismo tiempo que a una gran diversidad de registros, a una amplia gama de motivos: en realidad a todo cuanto rodea al sujeto poético. «Tenemos una sola cosa que des-

7. «José Emilio Pacheco: la poesía como *ready-made*», en *La hoguera y el viento: José Emilio Pacheco ante la crítica*, Ediciones Era, México D.F., 1994, p. 51.

cribir: / este mundo», dirá de mano de sus heterónimos uno de los últimos poemas del libro. Así, se suceden textos que abarcan desde lo explícitamente político (la guerra de Vietnam, el colonialismo, el capitalismo, la muerte del Che, la situación política y social mexicana, la idea de patria, Tlatelolco) a las experiencias viajeras del autor (Roma, Venecia, Inglaterra); desde los poemas autocríticos y el juego con los heterónimos a los textos dedicados a animales, una sección que reaparecerá en libros posteriores y en la que se alternan con brillantez miniaturas ingeniosas con descripciones metafóricas que sirven de corrosivo juicio sobre la condición humana. Destaca sobre todos los demás el tema de la propia labor poética, en torno al cual Pacheco despliega heterodoxas definiciones («La perra infecta, la sarnosa poesía, / risible variedad de la neurosis, / precio que algunos pagan / por no saber vivir. / La dulce, eterna, luminosa poesía», «una enfermedad de la conciencia, un rezago / de tiempos anteriores», «tentativas / de hacer que brote el agua en el desierto»), se pregunta acerca del lugar marginal de la poesía en el mundo moderno («un arte / que pocos leen y al parecer / muchos detestan»), actualiza en clave antipoética la conciencia de la fugacidad del arte («Acaso nuestros versos duren tanto / como un modelo Ford 69 / –y muchísimo menos que el Volkswagen») o reflexiona sobre el nuevo estilo:

lo mejor que se ha escrito en el medio siglo último
poco tiene en común con La Poesía, llamada así
por académicos y preceptistas de otro tiempo.

Entonces debe plantearse a la asamblea una redefinición
que amplíe los límites (si aún existen límites),
algún vocablo menos frecuentado por el invencible desafío
[de los clásicos.
Un nombre, cualquier término (se aceptan sugerencias)
que evite las sorpresas y cóleras de quienes
–tan razonablemente– leen un poema y dicen
«Esto ya no es poesía».

Irás y no volverás (1973), que debe su título a la cita del
Quijote que lo abre («Corre el tiempo, vuela y va / ligero
y no volverá»), e *Islas a la deriva* (1976) seguirían la sen-
da abierta por el anterior. En ellos, además del estilo iró-
nico y conversacional, se repiten las preocupaciones éti-
cas, la crítica al poder y a la rapiña colonial, el amargo
repaso a la historia pasada y presente de México, las ex-
periencias viajeras, el tema metafísico del tiempo y la
memoria, la apreciación del instante fugaz, la ácida re-
flexión (entre la autocrítica y la defensa) sobre el papel
de la poesía y los poetas, el desfile de animales y el juego
con la tradición literaria en forma de epígrafes, intertex-
tos, heterónimos y aproximaciones. También vuelve a
hacerse explícito el rechazo de lo profético frente a lo tes-
timonial («A mí solo me importa el testimonio / del
momento inasible, las palabras / que dicta en su fluir el
tiempo en vuelo»). Fiel a esa declaración, muchos de los
textos parecen destellos deliberadamente menos trabaja-
dos, apuntes de un momento, y abundan los poemas
cortos, casi epigramáticos. Como relativa novedad apa-

rece la conciencia ecológica, tema que, explorado en un solo poema del primero de estos dos libros («Idilio»), cobra importancia en el segundo: la sección dedicada a los animales lleva por título «Especies en peligro (y otras víctimas)» y encontramos versos explícitamente críticos a este respecto («La basura está a punto de ahogar al mundo», dirá en el poema «Zopilote»).

Desde entonces (1980), escrito al borde de los cuarenta años, tiene un formato y unos temas similares; la crítica medioambiental se ahonda («cuanto empezó en el agua terminará en la aridez que por nuestra locura se está adueñando de la tierra entera») y el pesimismo, el sentimiento de soledad y el lamento por un pasado irrecuperable o por la desaparición de personas cobran fuerza desde la propia cita de Pessoa que abre el libro, cuyos últimos versos rezan: «Me someto y me siento casi alegre, / Casi alegre como el que se cansa de estar triste». La revisión del propio pasado[8] y la autocrítica responden sin duda a unos años de desilusión, fruto del desencanto y el desmoronamiento de las ideologías esperanzadoras de unos setenta que llegaban a su fin. Eran, como se hace patente en «Multitudes», tiempos de constatar que la revolución, como dijera Pasolini, era solo un sentimiento. Encontramos así poemas poblados por desaparicio-

---

8. No es casualidad que también en este año apareciera la primera edición de *Tarde o temprano*, que abarcaba la totalidad de sus poemas –sometidos a correcciones– hasta entonces: «Tarde o temprano tenía que enfrentarme a lo que escribí antes de los cuarenta años», diría el autor en el prólogo.

nes («En resumidas cuentas»), juventudes perdidas («Lavandería»), pasados nebulosos («Bagatela»), fantasmas que acompañan al autor («Espectros», «Los conspiradores») y dolientes testimonios del fracaso («Antiguos compañeros se reúnen», «Amistad»).

Se incluye sin embargo, para cerrar el volumen, un ciclo de poemas, *Jardín de niños,* publicado originalmente para acompañar unas serigrafías de Vicente Rojo, y en el que, tras un recorrido por las etapas vitales del niño que acaba convirtiéndose en símbolo del destino general del hombre, el poeta concluye con una nota positiva, una exhortación a la acción y no a la parálisis desesperanzada. Los últimos versos casi podrían funcionar como resumen de todo el pensamiento de Pacheco, siempre consciente de los estragos del tiempo, pesimista frente a la historia, pero siempre irredento en su tesón y su confianza en la vida: «Llegaremos / al otro mar a que nos cubra la muerte. Entretanto / el camino es la meta y nadie avanza solo / y el agua se comparte o revientas. No hay / minuto que no transcurra. Adelante».

Los trabajos del mar (1983) supone un cierto cambio de rumbo. Francisca Noguerol, en su prólogo al volumen que la Universidad de Salamanca publicó con motivo de la concesión del premio Reina Sofía al poeta en 2009, dirá de la etapa que se abre que está

menos interesada en los ejercicios culturalistas y en el reflejo de la actualidad y, por ello, especialmente atenta a los grandes temas que afectan al ser humano. Motivos como la omnipresencia del mal, las mezquindades del poder y la destrucción sistemática del planeta se harán capitales en textos donde la carga ética resulta cada vez mayor, y en los que la duda sobre nuestro futuro, presente en etapas anteriores, da paso a una desolada constatación de la imparable marcha hacia la catástrofe emprendida por la Humanidad[9].

Testimonios de ese presente finisecular que solo augura un futuro de destrucción son poemas como «El puerto», donde el mar es un «charco que huele a ciénega» y lleva al poeta a concluir que «ya progresamos hacia el fin del mundo»; «El silencio», donde la ausencia de ruidos naturales en medio de un bosque le hace preguntarse «¿Se habrá acabado el mundo?»; «La noche nuestra interminable», en el que los poemas, «mis paginitas, ángel de la guardia», nada pueden «contra el horror creciente de este mundo»; o «Strada dell'abbondanza», donde la destrucción de Pompeya sirve de espejo premonitorio al momento actual.

El último y singular poema del libro, «Carta a George B. Moore en defensa del anonimato», escrito en forma de epístola como contestación a un estudiante americano que le envió un telegrama con cien preguntas, le sirve a Pacheco para explayarse por extenso en su *ars poetica*, el (mal) panorama de la poesía en el mundo actual («el poeta dejó de ser la voz de la tribu») y su desdén por los personalismos o por alcanzar cualquier tipo de lugar en

9. En la introducción a *Contraelegía*, Universidad de Salamanca, 2009, p. 36.

la historia: «tarde o temprano a todos nos espera el naufragio», dice aquí; «todos somos poetas / de transición», había dicho en *Irás y no volverás*. También se explaya en su desprecio por el mundo literario (él lo llama circo de *entertainers*, y eso que aún no existían Instagram ni Twitter) y aprovecha para bosquejar una estética –y una ética– de la creación y recepción poética: el poema no es tanto lo que se escribe como lo que se lee. Así, define la poesía como «ese lugar del encuentro / con la experiencia ajena. [...] No leemos a otros: *nos leemos* en ellos». En este sentido, la reflexión sobre que lo que importa es el poema y no los poetas le sirve para abundar en una idea, ya apuntada en forma de cita de uno de sus heterónimos en *Irás y no volverás* («La poesía no es de nadie: / se hace entre todos», variación, en realidad, de una sentencia de Lautréamont), y que ahora reiterará: «yo quisiera [...] / que la poesía fuese anónima ya que es colectiva / (a eso tienden mis versos y mis versiones)». Es una idea, central en su poética, que José Miguel Oviedo explicaría a la perfección y al que cito por extenso:

La poesía de Pacheco, escéptica en su propio valor, hipercrítica, se apoya en una convicción iconoclasta, escribir la poesía no puede ser sino reescribirla, repetirla insinuando alguna variante que le dé alguna justificación y actualidad. Al proceder así, el gesto individual del poeta se inscribe en el marco de una tradición y la prolonga, reinterpretándola. El concepto de la «paternidad» de la obra poética, la posibilidad de ser «originales», quedan así en entredicho. [...] El poema llegará a ser para Pacheco el resultado de un acto estético por el cual simplemente se selecciona y rescata un texto ajeno y ya perfectamente absorbido, neutralizado por la tradición; o la apropiación, mediante una inscripción insólita, de un lugar común del lenguaje cotidiano, de la publicidad, de la cultura popular; o aun la descolocación, sin modificación alguna, de un objeto literario o real respecto de su contexto habitual. Mediante este arte de la elección precisa, la cita subversiva y la glosa discordante, el autor ha convertido la poesía en una especie de *ready-made,* un producto cuyo mérito no está en ningún dudoso acto creador, sino en su impacto como *trouvaille* y en su hábil manipulación. El poeta no es un pequeño dios, sino alguien que meramente da a ver, reanimando las zonas muertas del lenguaje y salvando la literatura de volverse del todo indiferente para la sensibilidad contemporánea: un restaurador verbal, un mediador, un intérprete. [...] los poemas ajenos son también «suyos»; o mejor dicho, no hay nada que él pueda llamar «suyo»: sus mismos poemas, ¿qué son sino versiones de otros poemas? Lo que escribe ahora, ¿cuántos ya lo han escrito antes?, ¿es posible escribir poesía que no sea un diálogo con los poemas que uno ha leído? Si Pacheco es un poeta notable, es sobre todo porque es un lector atento, voraz y lleno de discernimiento; su obra es, en cierta manera, una antología formada por la reescritura de sus lecturas: un nuevo texto que se sobreimprime en otros textos preexistentes[10].

10. «José Emilio Pacheco: la poesía como *ready-made*», en *La hoguera y el viento: José Emilio Pacheco ante la crítica,* Ediciones Era, México D.F., 1994, p. 54.

Si los temores apocalípticos y la nota exhortatoria a las generaciones futuras se hacía fuerte en el inicio de esta nueva etapa, será en cambio la respuesta directa a un suceso del momento el que abra el siguiente libro, *Miro la tierra* (1986), que encabeza una cita de Alberti: «Miro la tierra, aíslo / en mis ojos, atento, una pulgada. / ¡Qué desconsolador, feroz y amargo / lo que acontece en ella!». El terremoto que sacudió México en septiembre de 1985 es el protagonista de un largo poema, «Las ruinas de México (Elegía del retorno)», en el que el poeta da cuenta, sin asomo de ironías, del impacto de la catástrofe –que ya no es visión profética sino terrible actualidad– en sí mismo y los demás. A lo largo de cinco ciclos de doce poemas recorremos descripciones progresivamente más líricas, entre lo geológico y lo sobrenatural, del desgajarse de la tierra, de las casas destruidas, compartimos el dolor por las víctimas, la fragilidad humana, la destrucción de la memoria, la culpabilidad de los supervivientes, la gratitud por la ayuda de los héroes anónimos y la maldición contra los saqueadores, la impasibilidad de la naturaleza ante el sufrimiento humano... en suma, el derrumbe a todos los niveles de una existencia en la que ahora las moscas azules «reinan sobre el estrago y se apropian de todo».

Si el resto de poemas del volumen retomarán el tono de siempre, también lo harán los de los siguientes libros, desde *Ciudad de la memoria* (1989), *El silencio de la luna* y *La arena errante* (1999) hasta *Siglo pasado (desenlace)* (2000), *Como la lluvia* y *La edad de las tinieblas* (2009), que continuarían con pequeños desplazamientos de tono y foco la variedad de formas y las preocupaciones habituales. En ellos se alternarán las aprensiones finiseculares y el repaso a las miserias del siglo XX («Los vigesímicos», «El cobrador», «Trueno») con las metáforas animales («Parejas», «Los mares del Sur», «Horas contadas», «Andarse por las ramas»), la reflexión metapoética («Para ti», «Telaraña», «Simulacro») con la vital («Retorno a Sísifo», «Dominio de la lluvia»), la revisión del mito («Oscura entre las sombras»), de la historia («Armisticio», «Al fin el porvenir», «Contra el tirano») y la literatura («Lolita») con la reflexión sobre los efectos del paso del tiempo («Niños y adultos», «Otro segundo», «Otredad, otra edad», «Encuentro»), la ironía sobre el propio país («Riverside Drive») con los fracasos de la palabra y la memoria («La ciudad de las esfinges», «Raya en la arena», «Ruido») y, en fin, las invectivas medioambientales («Lemnos») con los destellos de plenitud y esperanza («La estación total», «El único tesoro»). «Plegaria del alba», el último poema del último libro, terminará resumiendo buena parte de la actitud de José Emilio Pacheco ante la existencia, esa mezcla paradójica de lucidez desconsoladora ante el pasado y esperanza irredenta por el instante presente: «Ayer no resucita. Lo que hay atrás no cuenta. Lo que vivimos ya no está. El amanecer nos entrega la primera hora y el primer ahora de otra vida. Lo único de verdad nuestro es el día que comienza».

Mario Benedetti dijo de sus poemas que en ellos «se hacen presentes, o simplemente transcurren, dudas, alusiones, sueños heterodoxos (siempre más cercanos a la pesadilla que al ensueño), textos ajenos, experiencias propias [...]. El poeta se cuestiona a sí mismo entre otras cosas porque lo cuestiona todo: el mundo, la vida, el poder, la muerte»[11]. Crítico con todo, testigo escéptico e implacable, poseedor de una conciencia literaria de la vida y una conciencia vital de la literatura, supo tratar todas las experiencias, también las lectoras, con la misma mezcla de irreverencia y generosidad, de ironía y cercanía, de maravilla y desencanto. Sus poemas son capaces de adoptar todos los registros, desde el sentencioso al fogonazo lírico, desde el sarcástico al exhortativo, siempre sobrios en la forma y profundos en su reflexión, para contarnos desde una intimidad aislada y sin embargo solidaria las inminencias de la catástrofe y los instantes de salvación y belleza.

Los poemas de José Emilio Pacheco, escritos muchos de ellos hace más de cincuenta años, siguen resonando hoy en un mundo que, a pesar del paso del tiempo, no ha cambiado demasiado. Incluso cuando su tono no pretende ser profético, o precisamente porque no lo pretende, parecen hablarnos de una realidad que es la nuestra, la de los habitantes de unos tiempos que parecen empeñados en repetir los errores de otras épocas. No se me ocurren versos que describan más al mundo actual que estos, que el poeta escribía en 1969:

11. *La realidad y la palabra*, Destino, Barcelona, 1991.

Hoy son airados parajes dispuestos a obedecer la chispa
que encienda el pasto seco y comunique el fuego al
bosque y a los sembradíos que arruinó la ebriedad de
creernos, por mandato de Dios, amos eternos,

capaces de sujetar al mundo y ejercer saqueo impune y de-
rechos feudales contra la muchedumbre inexpugna-
ble que se niega a seguir royendo para siempre nues-
tras migajas,

en virtud de palabras electrónicamente amplificadas e imá-
genes que inundan los recintos de la miseria con to-
das las tentaciones de la abundancia.

De esta antología

Una antología supone, que duda cabe, una lectura per-
sonal de una trayectoria. Si la subjetividad es una de sus
inevitables características, lo es a la fuerza en este caso en
el que, puesto que a lo largo de los años han aparecido
tantas y tan diversas selecciones de la obra poética de
J. E. Pacheco, es necesaria una nota diferenciadora. Con-
fieso, por tanto, que en mi caso me he dejado llevar por
un criterio muy ligado al aquí y ahora: he elegido los
poemas que desde el momento presente me ha pareci-
do que aguantaban más el paso del tiempo, aquellos en
los que el tema más resonaba con la actualidad (en algu-
nos casos, haciendo que uno, al leerlos, no pueda evitar

un arrebato de pesimismo ante el devenir del mundo) o aquellos en los que la nota de humor seguía sonando tan fresca como hace cincuenta años. Eso no quiere decir que no haya incluido la mayoría de los textos considerados por muchos como esenciales en la trayectoria del autor: la presente antología quiere transmitir, ante todo, un panorama fiel de la poética de José Emilio Pacheco a lo largo del tiempo. En el presente volumen se recogen poemas procedentes de todos sus libros y he tratado de presentar la diversidad de formas, temas y registros que el autor abordó. Cabe mencionar, además, que a diferencia de otros trabajos de estas características he optado por incluir en su totalidad los ciclos de poemas extensos en lugar de escoger fragmentos significativos de los mismos: es el caso de *El reposo del fuego,* «Las ruinas de México: elegía del retorno» y «Jardín de niños».

Andrés Catalán

Antología poética

De *Elementos de la noche*
[1963]

Canción para escribirse en una ola

Ante la soledad se extienden días quemados.
En la ola del tiempo el mar se agolpa,
se disuelve en la playa donde forma el cangrejo
húmedas galerías que la marea destruye.

Las palabras del mar se entremezclan y estallan
cuando se hunde en la tierra el rumor de las olas.
Un caracol eterno son el mar y su nombre.
En la apagada arena viene a encallar la noche.

Y el mar se vuelve espejo de la luna desierta.

El sol oscuro

Enciende el vuelo llamas transparentes.
Domina el aire un sol ágil y oscuro.
La noche es oquedad, desierto muro
o río que se disuelve en sus afluentes.

Otro dolor regresa cuando sientes
que el árbol de ese tiempo en que no duro
se nutre de la muerte y lo futuro
y la tierra y la sangre incandescentes.

Avanza el mar. Inunda lo que sueña.
El agua pasa y al fluir perdura.
Se remansan los siglos en la peña

donde la sal anula su estructura.
La sombra arde en su espejo. El mar se adueña
de la tierra: su límite y tortura.

La enredadera

Verde o azul, fruto del muro, crece.
Divide cielo y tierra. Con los años
se va haciendo más rígida, más verde.
Costumbre de la piedra, cuerpo ávido
de entrelazadas puntas que se tocan.
Llevan la misma savia, son una misma planta
y también son un bosque. Son los años
que se anudan y rompen. Son los días
del color del incendio. Son el viento
que atraviesa la luz y encuentra intacta
la sombra que se alzó en la enredadera.

Los elementos de la noche

Bajo el mínimo imperio que el verano ha roído
se deshacen los días.
En el último valle
la destrucción se sacia
en ciudades vencidas que la ceniza afrenta.
La lluvia extingue
el bosque iluminado por el relámpago.
La noche deja su veneno.
Las palabras se rompen contra el aire.
Nada se restituye ni devuelve
el verdor a la tierra calcinada.
Ni el agua en su destierro sucederá a la fuente
ni los huesos del águila volverán por las alas.

La falsa vida

Alguien te sigue a veces en silencio.
Las cosas nunca dichas
se transforman en actos.
Atraviesas la noche en las manos del sueño,
pero el otro, implacable,
no te abandona: lucha
contra la irrealidad, la falsa vida
donde todo es ocaso.

Frágil perseguidor que eres tú mismo,
lo has obligado a ser, en guardia siempre,
el minucioso espejo que no olvida.

De *El reposo del fuego*
[1966]

No anheles la noche
en que desaparecen los pueblos de su lugar.

Job 36, 20.

I

1

Nada altera el desastre: llena el mundo
la caudal pesadumbre de la sangre.
Con un hosco rumor
                desciende el aire
a la más pétrea hoguera
                    y se consume.

Y hoja al aire, tristísima, la hoguera
contempla la incendiaria sed del tiempo,
su víspera de ruina, los perfiles
de las ciudades tremolando pálidas.
La península azul entra en la noche,
desgarra las tinieblas, llama altiva,
o fija y ya serena
                  y como muerta.

2

Hoy rompo este dolor en que se yergue
la realidad carnívora e intacta.
Hiendo tu astilla inmóvil, mansedumbre.
Cerco lo que me asedia, las viscosas

manchas del aire tóxico y la zarpa
anudada sin cuerpo como aceite
a la noche animal que se desata.
Quemo tu lumbre, humillación, tu aguja,
solidaria del vértigo que iguala
vagos trazos de un áspid en el polvo.
El tiempo andando se acabó. Y es triste.

3

No hay nada que soporte sin hendirse
la tempestad del siglo, la cortante
voracidad que extiende el deterioro.
Se hunde el cielo, redobla la tormenta.
Dondequiera relámpagos se prenden,
cicatrizan el aire, se desploman
en la boca sin fin de las tinieblas.

4

Miro sin comprender, busco el sentido
de estos hechos brutales.
                              De repente
oigo latir el fondo del espacio,
la eternidad gastándose.
                              Y contemplo
la insolencia feliz con que la lluvia

ahoga este minuto y encarniza
sus plural mordedura contra el aire.

5

La irrespirable procesión del vaho
coloniza el cristal cuando se abate,
para encender la tierra en la semilla,
la lluvia intemporal, forma del aire,
el agua que renace de sí misma.

6

¿Quién a mi lado llama? ¿Quién susurra
o gime en la pared?
Si pudiera saberlo, si pudiera
alguien pensar que el otro lleva a solas
todo el dolor del mundo y todo el miedo.

7

El dictador, el todopoderoso.
el que construye los desiertos mira
cómo nacen del cuerpo los bestiales
ácidos de la muerte y es roído
por el encono mártir con que tratan

los años de hormiguearlo al precipicio,
a la fosa insaciable en donde humea
anticipada lucha su esqueleto.

Oye a veces correr bajo el palacio
las punitivas ratas que se aprestan
a desbordar el suelo y fieramente
deshacer la soberbia.
                  Y los gusanos,
envidiosos del topo, urden la seda,
la voraz certidumbre del sudario.

8

El mundo en vilo azota sus cadenas.
La tempestad desciende.
                     Y yo, sin nombre,
busco un rastro fugaz, quiero un vestigio,
algo que me recuerde, si he olvidado,
la secreta eficacia con que el polvo
devora el interior de los objetos.

9

Y embozado, recóndito, al acecho,
sobreviene el intenso garabato,
el febril desdibujo de la muerte.

Sangre y humo alimentan las hogueras.
Nada mella el fulgor.

        Y las montañas
reblandecen los siglos, se incorporan,
desbaratan su ritmo, son de nuevo
piedra,

      mudez de piedra,

           testimonio
de que nada hubo aquí,

          de que los seres
son de polvo también,

         se tornan viento.

Ser de viento espectral, ya sin aullido,
aunque busque su fin, aunque ya nada
pueda retroceder.

        El polvo es tiempo.
Es la tierra que da su fruto amargo,
el feroz remolino que suspende
cuanto aquí se erigió.

        Solo las flores
con su orgullo de círculo renacen
y pueden esplender, soltar su aroma
y nuevamente en polvo convertirse.

Mala vasija el cuerpo. Recipiente
de eterna insaciedad y deterioro.
¿Solo perder ganamos existiendo?
¿Qué ojos verán el mundo si la órbita
donde la luz brilló solo es la casa
de las hormigas, su castillo impune?
Nada regresará cuando la tierra
se aposente en la boca y enmudezca
con su eco atroz la oscura letanía.

Si una rama se mueve, si en la hierba
una brizna se rompe, en los dominios
interminables y hondos de la muerte
¿qué codicia a la vida está cercando,
con qué cara morir, cuál sacrificio
reclama la ceniza y, por ahora,
qué humillaciones, muerte, has aplazado?

Aquí te expandes, vida mortal,
color de sangre, dicha
de tenerte un instante que no vuelve.
Tu reino es la ciudad de agua y aceite
que flotan sin unirse. Su equilibrio

es su feroz tensión. Y su combate
se disfraza de paz y tregua alerta.

13

Es el lúbrico aceite tragallamas
escudo que no ampara: traza heridas,
abre surcos de sal, cava en el pecho
aquel duro temblor con que la carne
se entrega al no volver, al sacrificio
en el lugar del fuego donde brota
el sol de sangre bajo el mar de aceite.

14

¿Cuántos buitres carcomen nuestra vida?
¿Qué oscura esclavitud nos aprisiona?
Cómo duelen la marca y el chasquido
que hace el ávido hierro al someternos.
Hay que lavar la herida, deshacerse
de la letra tatuada en nuestra sangre.

15

No humillación ni llanto: rebeldía,
insumiso clamor. Toma la antorcha.

Prende fuego al desastre.
                            Y otra hoguera
florezca, hienda el viento.
Mediodía, presagio incandescente.
inminencia total de vida y muerte.

II

1

Moho, salitre, pátina, descenso
del polvo al refluir sobre las cosas.
¿Qué obstinado roer devora el mundo,
arde en el transcurrir, empaña el día
y en la noche malsana recomienza?
Nace el desastre, el miedo que ha engendrado
la ira y esculpe en fuego a nuestro tiempo.

2
(Don de Heráclito)

Pero el agua recorre los cristales
musgosamente:
ignora que se altera,
lejos del sueño,
todo lo que existe.

El reposo del fuego es tomar forma
con su pleno poder de transformarse.
Fuego del aire y soledad del fuego
al incendiar el aire hecho de fuego.
Fuego es el mundo que se extingue y cambia
para durar (fue siempre) eternamente.

Las cosas hoy dispersas se reúnen
y las que están más próximas se alejan.

Soy y no soy aquel que te ha esperado
en el parque desierto una mañana
junto al río irrepetible en donde entraba
(y no lo hará jamás, nunca dos veces)
la luz de octubre rota en la espesura.

Y fue el olor del mar: una paloma,
como un arco de sal,
                            ardió en el aire.

No estabas, no estarás,
                            pero el oleaje
de una espuma remota confluía
sobre mis actos y entre mis palabras
(tanto más mías porque son ajenas):

El mar es agua pura ante los peces
y nunca ha de saciar la sed humana.

3

No alzar los ojos.
Ver el muro ileso.
Disipar las tinieblas.
                            Acercarse

al fondo de esta noche
en donde el alba

              y su tropel
esperan que amanezca.

4

Si se extiende la luz
toma la forma
de lo que está inventando la mirada.

5

Vuelven mundos a hendirse. Y de milagro
cruza rampante un astro las tinieblas.
Pero se encaja náufrago en la hierba.
Como si el rayo halcón que vence el aire
de la estrella fugaz se apoderase:
la caricia que siente el enterrado
cuando el suelo mortal lo desfigura.

6

Ácida incertidumbre que devora
los confines del aire

              mientras giran
la ceniza en la urna y tu memoria.

Y es noviembre en el aire hoja quemada
de un árbol que no está
                 y aún se dibuja
en la sombra que en humo se deshace.

7

Algo crece y se pierde a cada instante.
Algo intenta durar mientras observo
la forma indescifrable en que la arena
dibuja la inscripción de su agonía.
Porque es la permanencia del oleaje
cuando el mar en desierto ha terminado.

8

Aquí desembarcaron, donde el río
al encontrarse con el mar lo lleva
tierra adentro, de nuevo hacia la fuente,
el estuario secreto en las montañas.
Aquí desembarcaron... En mil años
nada cambió en la tierra. Y no hay vestigio
de lo que era este sitio hace mil años.

Mira en tu derredor: el mundo, ruina.
Sangre y odio la historia. Hambre y destierro.
Aquí desembarcaron... Si en mil años
nada cambió en la tierra, me pregunto:
¿nos iremos también sin hacer nada?

9

Nuestra moral, sus dogmas y certezas
se ahogaron en un vaso.

                          Y este mundo
resulta un pez que el aire ya devora
en su salto de red, branquial susurro
de lo que muere al margen, ya disuelto
y sin remedio en la brutal orilla.

10

A mitad de la tarde los objetos
imponen su misterio, se remansan,
nos miran fijamente, nos permiten
luchar porque no avancen ni se adueñen
de nuestro mundo al fin

                          y nos conviertan
en inmóvil objeto.

11

Todo lo empaña el tiempo y da al olvido.
Los ojos no resisten
                              tanta ferocidad.

La luz, áspera llama,
devora los perfiles de las cosas.

Y enmedio tanta muerte,
                              esos tus ojos.
Ojos tuyos tristísimos: han visto
lo que nunca miré.
                    Todo lo empañan.
Todo es olvido, sombra, desenlace.

12

Pero ¿es acaso el mundo un don del fuego
o su propia materia ya cansada
de nunca terminar le dio existencia?
Y en un cuarto, uno más, alguien formula
la primera pregunta y no hay respuesta:
¿Para qué estoy aquí, cuál culpa expío,
es un crimen vivir, el mundo es solo
calabozo, hospital y matadero,
ciega irrisión y afrenta al paraíso?

13

O es el desnudo pulular del frío
o la voz invisible de la hormiga
atareada en morir bajo su carga.

Repta el viento y horada los caminos
subvegetales que horadó la asfixia
de algún roedor en su hosca madriguera.

Hunde el jardín las zonas del verano
que engendran el otoño adormecido
por la savia esclerótica.
                              Y no es esto
lo que intento decir.
                              Es otra cosa.

14

Se han extraviado ya todas las claves
para salvar al mundo. Ya no puedo
consolar, consolarte, consolarme.

Tierra, tierra, ¿por qué no te conmueves?
Ten compasión de todos los que viven.
Haz que nadie mañana –algún mañana–
tenga ocasión de repetir conmigo
mis palabras de hoy y mi vergüenza.

15

Rumor sobre rumor. Quebrantamiento
de épocas, imperios.

Desenlace.

Otra vez desenlace y recomienzo.

III

1

Brusco olor del azufre, repentino
color verde del agua bajo el suelo.
Bajo el suelo de México se pudren
todavía las aguas del diluvio.
Nos empantana el lago, sus arenas
movedizas atrapan y clausuran
la posible salida.

Lago muerto en su féretro de piedra.
Sol de contradicción.
(Hubo dos aguas
y a la mitad una isla.
Enfrente un muro,
a fin de que la sal no envenenara
nuestra laguna dulce en la que el mito
abre las alas todavía, devora
la serpiente metálica, nacida
en las ruinas del águila. Su cuerpo
vibra en el aire y recomienza siempre).

Bajo el suelo de México verdean
eternamente pútridas las aguas
que lavaron la sangre conquistada.
Nuestra contradicción –agua y aceite–

permanece a la orilla y aún divide,
como un segundo dios,
                           todas las cosas:
lo que deseamos ser y lo que somos.

(Si se excavan
unos metros de tierra
                          brota el lago.
Tienen sed las montañas, el salitre
va royendo los años.
                        Queda el lodo
en que yace el cadáver de la pétrea
ciudad de Moctezuma.

Y comerá también estos siniestros
palacios de reflejos, muy lealmente,
fiel a la destrucción que lo preserva).

El ajolote es nuestro emblema. Encarna
el temor de ser nadie y replegarse
a la noche perpetua en que los dioses
se pudren bajo el lodo
y su silencio
                es oro
–como el oro de Cuauhtémoc
que Cortés inventó.

Prende la luz. Acércate. Ya es tarde.
Ya es tarde. Se hizo tarde. Ya es muy tarde.

Abre la puerta. Hay tiempo, Hoy es mañana.
Dame la mano. No se ve. No hay nadie.
No hay nadie. Solo nada. Es el vacío.
O es el lodo que sube y nos envuelve
para volvernos polvo de su polvo.

2

Toda la noche vi crecer el fuego.

3

La ciudad en estos años cambió tanto
que ya no es mi ciudad, su resonancia
de bóvedas en ecos. Y sus pasos
ya nunca volverán.

Ecos pasos recuerdos destrucciones

Todo se aleja ya. Presencia tuya,
hueca memoria resonando en vano,
lugares devastados, yermos, ruinas,
donde te vi por último, en la noche
de un ayer que me espera en los mañanas,
de otro futuro que pasó a la historia,
del hoy continuo en que te estoy perdiendo.

4

Atardecer de México en las lúgubres
montañas del poniente...
                    Allí el ocaso
es tan desolador que se diría:
la noche así engendrada será eterna.

5

Conozco la locura y no
                    la santidad:
la perfección terrible de estar muerto.
Pero los sordos, imperiosos ritmos,
los latidos secretos del desastre,
arden en la extensión de mansedumbre
que es la noche de México.

                    Y los sauces,
y las rosas sedientas y las palmas,
funerarios cipreses ya sin agua,
son veredas de cardo, son los yermos
de la serpiente árida, habitante
en comarcas de fango, esas cavernas
donde el águila real bate las alas
en confusión de bóvedas, reptante
por la noche de México.

Ojos, ojos,
cuántos ojos de cólera mirándonos
en la noche de México, en la furia
animal, devorante de la hoguera:
la pira funeraria que en las noches
consume a la ciudad.
                    Y al día siguiente
solo vestigios ya.
                    Ni amor ni nada:
tan solo ojos de cólera mirándonos.

6

¿Hasta cuándo, en qué islote sin presagios,
hallaremos la paz para las aguas,
tan sangrientas, tan sucias, tan remotas,
tan subterráneamente ya extinguidas,
de nuestro pobre lago, cenagoso
ojo de los volcanes, dios del valle
que nadie vio de frente y cuyo nombre
los antiguos callaron?

                    ¿Qué se hicieron
tantos jardines, las embarcaciones
y los bosques, las flores y los prados?
                    Los mataron
para alzar su palacio los ladrones.
¿Qué se hicieron los lagos, los canales

de la ciudad, sus ondas y rumores?
Los llenaron de mierda, los cubrieron
para abrir paso a todos los carruajes
de los eternos amos de esta tierra,
de este cráter lunar donde se asienta
la ciudad movediza, la fluctuante
capital de la noche.

Dijo el virrey: *Los hombres de esta tierra*
son seres para siempre condenados
a eterna oscuridad y abatimiento.
Para callar y obedecer nacieron.

La injuria del virrey flota en el lodo.
Ningún tiempo pasado ciertamente
fue peor ni fue mejor.

No hay tiempo, no lo hay,
no hay tiempo; mide
la vejez del planeta por el aire
cuando cruza implacable y sollozando.

7

México subterráneo... El poderoso
virrey, emperador, sátrapa hizo
de los lagos y bosques el desierto.

Hemos creado el desierto: las montañas
rígidas de basalto y sombra y polvo,
son la inmovilidad.
                        Vibra el estruendo
que hacen las aguas muertas resonando
en el silencio cóncavo.
                                Es retórica,
iniquidad retórica hasta el llanto.

8

¿Solo las piedras sueñan?
                                ¿Su hosca esencia
es la inmovilidad?
                        ¿El mundo es solo
estas piedras inmóviles?

Roza el aire el cantil para gastarse,
para hallar el reposo. Inconsolable
el descenso del vértigo: marea
de mil zonas aéreas desplomándose.

9

Hoy, esta noche, me reúno a solas
con todo lo perdido y sin embargo
lo futuro también.

        Y mientras pasa
la hora junto a mí
                va oscureciendo.
En un fuego de sombra se confunden
luz y noche, pasado que no ha muerto,
y el instante sin nadie que recorren
la ociosidad viscosa de la araña,
la mosca y su hociquito devastador.

Entre el ave y su canto fluye el cielo.
Fluye, sigue fluyendo, todo fluye:
el camino que lentan los mañanas,
los planetas errantes, calcinados
que cumplen su condena desgastándose
al hendir sin reposo las tinieblas.

                10

Hay que darse valor para hacer esto:
escribir cuando rondan las paredes
uñas airadas, animales ciegos.
No es posible callar, comer silencio,
y es por completo inútil hacer esto
antes que los gusanos del instante
abran la boca muda de la letra
y devoren su espíritu.

           Palabras
carcomidas, rengueantes, sonsonete
de algún viejo molino.
                Cuántas cosas,
llanto de cuántas cosas inservibles
que en el polvo arderán.

                Arde la hoguera.
Fuego la luz. Ceniza.
              Un lirio es cada
pobre rescoldo triste
           al deshacerse.

11

El viento trae la lluvia.
En el jardín
las plantas se estremecen

12

Arde el campo en el sol a mediodía.
Aquí todas las cosas se disponen
a renacer.

       Y entonces, de repente,
todo el jardín se yergue entre las piedras:
nace el mundo de nuevo ante mis ojos.

13

Cae la tarde en la lluvia sorprendida
por el girar marítimo del aire.

Línea de sombra, umbral, solar umbrío
en donde las tinieblas se preparan
a engendrar más tinieblas.

                Poco a poco
la tarde cae en la lluvia.
                  Las tinieblas
zozobran en la luz. Resuena, vibra
ese golpe ignorado, ola invisible
con que el fuego del aire enciende al mundo.

14
(*Las palabras de Buda*)

Todo el mundo está en llamas.
                      Lo visible
arde y el ojo en llamas lo interroga.

Arde el fuego del odio.
                  Arde la usura.
Arde el dolor.
            La pesadumbre es llama.
Y una hoguera es la angustia

en donde arden
                    todas las cosas:

Llama,
            arden las llamas,
arden las llamas,
fuego es el mundo.
                        Mundo y fuego

Mira
        la hoja al viento,
tan triste,
            de la hoguera.

15

Es hoguera el poema
                    y no perdura

Hoja al viento
                    tal vez
También tristísima
                    Inmóvil ya
desierta
        hasta que el fuego
renazca en su interior

                    Cada poema
epitafio del fuego
                              cárcel
llama
          hasta caer
en el silencio en llamas

Hoja al viento
                    tristísima
                              la hoguera.

De *No me preguntes cómo pasa el tiempo*
[1969]

Descripción de un naufragio en ultramar
(*Agosto,* 1966)

Pertenezco a una era fugitiva, mundo que se deshace ante mis ojos.

Piso una tierra firme que vientos y mareas erosionaron antes de que pudiera levantar su inventario.

Atrás quedan las ruinas cuyo esplendor mis ojos nunca vieron. Ciudades comidas por la selva, piedras mohosas en las que no me reconozco.

Y enfrente la mutación del mar y tampoco en las nuevas islas del océano hay un sitio en que pueda reclinar la cabeza.

Sus habitantes miraron extrañados al náufrago que preguntaba por los muertos. Creí reconocer en las muchachas caras que ya no existen, amores encendidos para ahuyentar la frialdad de la vejez, la cercanía del sepulcro.

La tribu rio de mi habla ornamentada, mi trato ceremonioso, la gesticulación que ya no entienden. Y no pude sentarme entre el Consejo porque aún no tenía el cabello blanco ni el tatuaje con que el tiempo celebra nuestro deterioro incesante.

El gran sacerdote resolvió que me hiciera de nuevo a la mar en una balsa, con frutos desecados al sol y una olla de agua por todo alimento. Al despedirme pronunció estas palabras:

«Naciste en tiempos de penuria, condenado a probar el naufragio de la vejez sin haber conocido la áspera juventud. Vuelve a los centros ceremoniales en donde un hervidero de lagartos cuida la máscara del rey que nada pudo contra la insaciedad de los gusanos.

»Antes de tiempo abandonaste a la caravana sin vislumbrar la tierra prometida. Solo te acompañó tu semejante, el desierto. Los nómadas recelaron de ti. Desconfiaste de los señores de la guerra que imponen la degradación en sus dominios para mantener el esplendor de las metrópolis.

»Cruzaste el Mar de las Tinieblas en tu busca del Nuevo Mundo. No quisiste participar en la batalla ni vivir de la tortura y el despojo de tus semejantes. Escapaste del incendio de las ciudades, el saqueo y la entrada a degüello.

»En cambio amaste a las mujeres que nadie destinó para ti: cuerpos errantes desvanecidos en la noche sin término. Gastaste la noche en explorar los viejos manuscritos. Quisiste hallar el rumor transitivo de las generaciones, el espejo sin nadie, la pesadumbre de la historia –vanos ardides para ocultar la cobardía.

»Si las fauces del mar no te devoran, solo te quedará escoger entre la cámara de gas o el campo de trabajo en que pastan y rumian los enemigos de tu pueblo».

Transparencia de los enigmas
(*Octubre*, 1966)

Pensemos en serio en todas las cosas que se avecinan. El mundo ya está harto de profetas; el óxido se adueña de sus visiones. La historia tiene el deber de trastornar las profecías.

Alabemos a Patmos y a la montaña de las Lamentaciones. Pero aquí no se trata de videncia ni de relatos sugeridos por la baraja ni de sombras que se insinúan en esferas.

Basta mirar lo que sucede. Todo fermenta en derredor de nuestra tibia ansiedad y de nuestra cólera apacible. No hay filtros ni exorcismos contra lo que se gesta y se levanta.

Más tarde podríamos lamentar un perentorio olvido de las buenas maneras o una exigencia desmedida por parte de los nuevos poderes. Nos pesará no haber juzgado a tiempo que el freno de nuestras iniquidades

podría mitigar la edad de fuego que ya se gesta sobre nuestras ciudades. Por obra de su codicia permitieron que la miseria fermentara en sus alrededores.

Hoy son airados parajes dispuestos a obedecer la chispa
que encienda el pasto seco y comunique el fuego al
bosque y a los sembradíos que arruinó la ebriedad de
creernos, por mandato de Dios, amos eternos,

capaces de sujetar al mundo y ejercer saqueo impune y
derechos feudales contra la muchedumbre inexpug-
nable que se niega a seguir royendo para siempre
nuestras migajas,

en virtud de palabras electrónicamente amplificadas e
imágenes que inundan los recintos de la miseria con
todas las tentaciones de la abundancia.

Seres entre dos aguas, marginales de ayer y de mañana,
nos hundiremos con la causa perdida o pagaremos
con fuego el precio de la tibieza.

La realidad destruye la ficción nuevamente. Y todo lo
que he dicho será empleado en mi contra.

Será mejor entonces que detengamos el festín, amigos
míos; echemos a la basura los simulacros de catástro-
fe, nos despidamos con el radiante estruendo de la
música,

y pensemos en todas las cosas que ya se avecinan.

Manuscrito de Tlatelolco
(*2 de octubre de 1968*)

1. *Lectura de los «Cantares mexicanos»**

Cuando todos se hallaban reunidos
los hombres en armas de guerra cerraron
las entradas, salidas y pasos.
Se alzaron los gritos.

Fue escuchado el estruendo de muerte.
Manchó el aire el olor de la sangre.

La vergüenza y el miedo cubrieron todo.
Nuestra sangre fue amarga y lamentable.
Se ensañó con nosotros la desgracia.

Golpeamos los muros de adobe.
Es toda nuestra herencia una red de agujeros.

---

* Con los textos traducidos del náhuatl por Ángel María Garibay y Miguel León-Portilla en *Visión de los vencidos* (1959).

2. Las voces de Tlatelolco*
(*2 de octubre de 1978: diez años después*)

Eran las seis y diez. Un helicóptero
sobrevoló la plaza.
Sentí miedo.

Cuatro bengalas verdes.

Los soldados
cerraron las salidas.

Vestidos de civil, los integrantes
del Batallón Olimpia
—mano cubierta por un guante blanco—
iniciaron el fuego.

En todas direcciones
se abrió fuego a mansalva.

Desde las azoteas
dispararon los hombres de guante blanco.
Disparó también el helicóptero.

Se veían las rayas grises.
Como pinzas
se desplegaron los soldados.
Se inició el pánico.

---

* Con los textos reunidos por Elena Poniatowska en *La noche de Tlate-lolco* (1971).

La multitud corrió hacia las salidas
y encontró bayonetas.
En realidad no había salidas:
la plaza entera se volvió una trampa.

–Aquí, aquí Batallón Olimpia.
Aquí, aquí Batallón Olimpia.

Las descargas se hicieron aún más intensas.
Sesenta y dos minutos duró el fuego.

–¿Quién, quién ordenó todo esto?

Los tanques arrojaron sus proyectiles.
Comenzó a arder el edificio Chihuahua.

Los cristales volaron hechos añicos.
De las ruinas saltaban piedras.

Los gritos, los aullidos, las plegarias
bajo el continuo estruendo de las armas.

Con los dedos pegados a los gatillos
le disparan a todo lo que se mueva.
Y muchas balas dan en el blanco.

–Quédate quieto, quédate quieto:
si nos movemos nos disparan.

−¿Por qué no me contestas?
¿Estás muerto?

−Voy a morir, voy a morir.
Me duele.
Me está saliendo mucha sangre.
Aquel también se está desangrando.

−¿Quién, quién ordenó todo esto?

−Aquí, aquí Batallón Olimpia.

−Hay muchos muertos.
Hay muchos muertos.

−Asesinos, cobardes, asesinos.

−Son cuerpos, señor, son cuerpos.

Los iban amontonando bajo la lluvia.
Los muertos bocarriba junto a la iglesia.
Les dispararon por la espalda.

Las mujeres cosidas por las balas,
niños con la cabeza destrozada,
transeúntes acribillados.

Muchachas y muchachos por todas partes.
Los zapatos llenos de sangre.

Los zapatos sin nadie llenos de sangre.
Y todo Tlatelolco respira sangre.

–Vi en la pared la sangre.

–Aquí, aquí Batallón Olimpia.

–¿Quién, quién ordenó todo esto?

–Nuestros hijos están arriba.
Nuestros hijos, queremos verlos.

–Hemos visto cómo asesinan.
Miren la sangre.
Vean nuestra sangre.

En la escalera del edificio Chihuahua
sollozaban dos niños
junto al cadáver de su madre.

–Un daño irreparable e incalculable.

Una mancha de sangre en la pared,
una mancha de sangre escurría sangre.
Lejos de Tlatelolco todo era
de una tranquilidad horrible, insultante.

–¿Qué va a pasar ahora,
qué va a pasar?

Alta traición

No amo mi patria. Su fulgor abstracto
es inasible.
Pero (aunque suene mal)
daría la vida
por diez lugares suyos,
cierta gente,
puertos, bosques, desiertos, fortalezas,
una ciudad deshecha, gris, monstruosa,
varias figuras de su historia,
montañas
—y tres o cuatro ríos.

Aceleración de la historia

Escribo unas palabras
                    y al minuto
ya dicen otra cosa,
                    significan
una intención distinta,
se hacen dóciles
                    al Carbono 14:
Criptogramas
                    de un pueblo remotísimo
que busca
                    la escritura en tinieblas.

Envidiosos

Levantas una piedra
y los encuentras:
ahítos de humedad,
pululando.

Crítica de la poesía

He aquí la lluvia idéntica y su airada maleza.
La sal, el mar deshecho...
Se borra lo anterior, se escribe luego:
Este convexo mar, sus migratorias
y arraigadas costumbres,
ya sirvió alguna vez para hacer mil poemas.

(La perra infecta, la sarnosa poesía,
risible variedad de la neurosis,
precio que algunos pagan
por no saber vivir.
La dulce, eterna, luminosa poesía).

Quizás no es tiempo ahora.
Nuestra época
nos dejó hablando solos.

Dichterliebe

La poesía tiene una sola realidad: el sufrimiento.
Baudelaire lo atestigua, Ovidio aprobaría
afirmaciones semejantes.
Y esto por otra parte garantiza
la supervivencia amenazada de un arte
que pocos leen y al parecer
muchos detestan,
como una enfermedad de la conciencia, un rezago
de tiempos anteriores a los nuestros
cuando la ciencia cree disfrutar
del monopolio eterno de la magia.

Job 18, 2

¿Cuándo terminaréis con las palabras?,
interroga
en el Libro de Job
Dios –o su escriba.

Y seguimos puliendo, desgastando
un idioma ya seco; tentativas
de hacer que brote el agua en el desierto.

Disertación sobre la consonancia

Aunque a veces parezca por la sonoridad del castellano
que todavía los versos andan de acuerdo con la métrica;
aunque parta de ella y la atesore y la saquee,
lo mejor que se ha escrito en el medio siglo último
poco tiene en común con La Poesía, llamada así
por académicos y preceptistas de otro tiempo.
Entonces debe plantearse a la asamblea una redefinición
que amplíe los límites (si aún existen límites),
algún vocablo menos frecuentado por el invencible
        [desafío de los clásicos.
Un nombre, cualquier término (se aceptan sugerencias)
que evite las sorpresas y cóleras de quienes
–tan razonablemente– leen un poema y dicen:
«Esto ya no es poesía».

No me preguntes cómo pasa el tiempo

En el polvo del mundo se pierden ya mis huellas;
me alejo sin cesar.
No me preguntes cómo pasa el tiempo.

LI KIU LING, traducido por Marcela de Juan

Al lugar que fue nuestro llega el invierno
y cruzan por el aire las bandadas que emigran.
Después renacerá la primavera,
revivirán las flores que sembraste.
Pero en cambio nosotros
ya nunca más veremos
la casa entre la niebla.

Statu quo

Tengo que rebelarme contra mi sumisión
y someterme ante mi rebeldía.
Las aguas estancadas se me quedan mirando:
piden que les revoque la compuerta.
Lo hago.
Y la piedad no alcanza su entumecimiento
su triste analogía con la mula / que
rompió el círculo vicioso de la noria,
creyó ganar la libertad
–y siguió dando vueltas.

Conversación romana (1967)

> Oremos por las nuevas generaciones
> abrumadas de tedios y decepciones;
> con ellas en la noche nos hundiremos...
>
> AMADO NERVO, *Oremus* (1898)

En Roma aquel poeta me decía:
—No sabes cuánto me entristece verte
escribir prosa efímera en periódicos.

Hay matorrales en el foro. El viento
unge de polvo el polen.

Ante el gran sol de mármol Roma pasa
del ocre al amarillo, el sepia, el bronce.

Algo se está quebrando en todas partes.
Se agrieta nuestra edad. Es el verano
y no se puede caminar por Roma.

Tanta grandeza avasallada. Cargan
los coches contra gentes y ciudades.
Centurias y falanges y legiones,
proyectiles o féretros, chatarra,
ruinas que serán ruinas.

Aire mortal carcome las estatuas.
Barbarie son ahora los deshechos:
plásticos y botellas y hojalata.
Círculo del consumo: la abundancia
se mide en el raudal de sus escombros.
Pero hay hierbas, semillas en los mármoles.

Hace calor. Seguimos caminando.
No quiero responder ni preguntarme
si algo escrito hoy dejará huellas
más profundas que un casco desechable
o una envoltura plástica arrojada
a las aguas del Tíber.

Acaso nuestros versos duren tanto
como un modelo Ford 69
–y muchísimo menos que el Volkswagen.

Mosquitos

Nacen en los pantanos del insomnio.
Son negrura afilada que aletea.
Diminutos vampiros, sublibélulas,
pegasitos de pica del demonio.

Los grillos
(*Defensa e ilustración de la poesía*)

Recojo una alusión de los grillos:
su rumor es inútil,
no les sirve de nada
entrechocar sus élitros.
Pero sin la señal indescifrable
que se transmiten de uno a otro
la noche no sería
(para los grillos) noche.

Siempre que veo elefantes pienso
en las Guerras Púnicas y sobre todo
en la batalla de Zama

Observa su estructura casi de templo.
Su tolerancia suele tener un límite.
Su dignidad ofendida estalla de pronto.

Pregúntaselo a Aníbal: los elefantes,
los propios elefantes cartagineses,
vencieron a Cartago.

Así pues, de no ser por los elefantes
no existiría esta página (tampoco
la lengua castellana
                    ni Occidente).

Preguntas sobre los cerdos
e imprecaciones de los mismos

¿Existe otro animal que nos dé tanto?

JOVELLANOS

¿Por qué todos sus nombres son injurias?
Puerco / marrano / cerdo / cochino / chancho.
Viven de la inmundicia. Comen, tragan
(porque serán comidos y tragados).

De hinojos y de bruces roe el desprecio
por su aspecto risible, su lujuria,
su fundado temor de propietario.

Nadie llora al morir más lastimero,
interminablemente repitiendo:
–Y pensar que para esto me cebaron...
Qué marranos / qué cerdos / qué cochinos.

Sabor de época

Todo poema es un ser vivo:
envejece.

[1952]

Arte poética I

Tenemos una sola cosa que describir:
este mundo.

[1948]

Arte poética II

Escribe lo que quieras.
Di lo que se te antoje:
de todas formas vas a ser condenado.

[1949]

De *Irás y no volverás*
[1973]

Idilio

Con aire de fatiga entraba el mar
en el desfiladero.
                    El viento helado
dispersaba la nieve de la montaña.
Y tú
parecías un poco de primavera,
                                    anticipo
de la vida yacente bajo los hielos,
calor
       para la tierra muerta,
cauterio
de su corteza ensangrentada.

Me enseñaste los nombres de las aves,
la edad
          de los pinos inconsolables,
la hora
         en que suben y bajan las mareas.
En la diafanidad de la mañana
se borraban las penas
                         de guerras y desastres.

El mundo
           volvía a ser un jardín
(lo repoblaban

los primeros fantasmas),
una página en blanco,
una vasija
en donde solo cupo aquel instante.

El mar latía. En tus ojos
se anulaban los siglos,
la miseria
que llamamos historia,
el horror
agazapado siempre en el futuro.
Y el viento
era otra vez la libertad
(en vano
intentamos anclarla en las banderas).

Como un tañido funerario entró
hasta el bosque un olor de muerte.
Las aguas
se mancharon de lodo y de veneno.
Los guardias
brotaron como surgen las tinieblas.
En nuestra incauta dicha merodeábamos
una fábrica atroz en que elaboran
defoliador y gas paralizante.

«Moralidades legendarias»

Odian a César y al poder romano.
Se privan de comer la última uvita
pensando en los esclavos que revientan
en las minas de sal o en las galeras.

Hablan de las crueldades del ejército
en Iliria y las Galias.
Atragantados
de jabalí, perdices y terneras
dan un sorbo
de vino siciliano
para empinar los labios pronunciando
las más bellas palabras:
la uuumaaaniiidaad, el ooombreee, todas esas
–tan rotundas, tan grandes, tan sonoras–
que apagan la humildad de otras más breves
–como, digamos por ejemplo, *gente*.

Termina la función. Entran los siervos
a llevarse los restos del convite.
Entonces los patricios se arrebujan
en sus mantos de Chipre.
Con el fuego del goce en sus ojillos
como un gladiador que hunde el tridente,
enumeran felices los abortos

de Clodia la toscana,
la impotencia de Livio, los avances
del cáncer en Vitelio.
Afirman que es cornudo el viejo Claudio
y sentencian a Flavio por corriente,
un esclavo liberto, un arribista.

Luego al salir despiertan a patadas
al cochero insolado
y marchan con fervor al Palatino
a ofrecer mansamente el triste culo
al magnánimo César.

Fisiología de la babosa

La babosa,
        animal sutil,
se recrea
        en jardines impávidos.
Tiene humedad de musgo,
                acuosidad
de vida a medio hacerse.
              Es apenas
un frágil
        caracol en proyecto,
como anuncio
        de algo que aún no existe.

En su moroso edén de baba
              proclama
que andar por este mundo
            significa
ir dejando
        pedazos de uno mismo
en el viaje.

La babosa se gasta dando vueltas
a su espiral.
        Lleva a cuestas
su paranoia,

aplastante
condición de su ser.

Nadie quiere a esta *plaga insulsa*
que a ras de tierra o en paredes
lamenta
        una vida que no pidió.

Pobrecita,
        es tan supersticiosa;
teme
    (justificadamente)
que alguien
        venga y le eche la sal.

Contraelegía

Mi único tema es lo que ya no está.
Solo parezco hablar de lo perdido.
Mi punzante estribillo es *nunca más*.
Y sin embargo amo este cambio perpetuo,
este variar segundo tras segundo,
porque sin él lo que llamamos vida
sería de piedra.

Búho

El ojo inmóvil,
pez de tierra firme,
encendido de noche en su fijeza.
Las garras que se adentran en la carne,
el pico curvo para el desgarramiento...
¿De cuál sabiduría puede ser símbolo
sino de la rapiña, el crimen, el desprecio:
todo lo que ha hecho tu venerada gloria,
Occidente?

Hoy mismo

Mira las cosas que se van,
recuérdalas,
porque no volverás a verlas nunca.

Vidas de los poetas

En la poesía no hay final feliz.
Los poetas acaban
viviendo su locura.
Y son descuartizados como reses
(sucedió con Darío).
O bien los apedrean y terminan
arrojándose al mar o con cristales
de cianuro en la boca.
O muertos de alcoholismo, drogadicción, miseria.
O lo que es peor: poetas oficiales,
amargos pobladores de un sarcófago
llamado *Obras completas*.

D. H. Lawrence y los poetas muertos

They look on and help

No desconfiemos de los muertos
que prosiguen viviendo en nuestra sangre.
No somos ni mejores ni distintos:
tan solo nombres y escenarios cambian.

Y cada vez que inicias un poema
convocas a los muertos.
Ellos te miran escribir,
te ayudan.

A quien pueda interesar

Otros hagan aún el gran poema,
los libros unitarios, las rotundas
obras que sean espejo de armonía.
A mí solo me importa el testimonio
del momento inasible, las palabras
que dicta en su fluir el tiempo en vuelo.
La poesía anhelada es como un diario
en donde no hay proyecto ni medida.

«Birds in the night»
(*Vallejo y Cernuda se encuentran en Lima*)

> Al partir de las aguas peruanas, la anchoveta
> ha puesto en crisis a la industria pesquera
> y ha provocado, en las ciudades del litoral la
> invasión de las hambrientas aves marinas.
>
> *Excélsior*, 1972

Toda la noche oigo el rumor alado desplomándose
y, como un poema de Cisneros,
albatros, cormoranes y pelícanos
se mueren de hambre en pleno centro de Lima,
baudelaireanamente son vejados.

Aquí por estas calles de miseria
(tan semejante a México)
César Vallejo anduvo, fornicó, deliró
y escribió algunos versos.

Ahora sí lo imitan, lo veneran
y es «un orgullo para el continente».

En vida lo patearon, lo escupieron,
lo mataron de hambre y de tristeza.

Dijo Cernuda que ningún país
ha soportado a sus poetas vivos.

Pero está bien así:
¿No es peor destino
ser el Poeta Nacional
a quien saludan todos en la calle?

De *Islas a la deriva*
[1976]

Las perfecciones naturales

De las capitanías de la oruga
sabe el rosal lo que le corresponde.

Silenciosas boquitas que roen de noche
o bajo la altanera plenitud del gran sol
las perfecciones naturales.

Ante ellas no hay belleza, solo avidez,
solo necesidad de estar vivas.

Y perduran matando, como nosotros.

Becerrillo

Y Cristóbal Colón también lanzó
contra los indios de Santo Domingo
disparos de metralla, una jauría
de perros antropófagos. Entre sus fauces
murieron centenares. Ya la historia
olvidó el episodio. Pocos saben
que la avanzada civilizadora
tuvo su héroe, un dogo: *Becerrillo*.
Colón le dio la paga de dos soldados.

Presagio

Se puso el sol, brillaron las montañas.
El Gran Tlatoani entró en sus aposentos.
Incapaz de dormir, fue hasta las Salas
Negras de su palacio, destinadas
a los estudios mágicos, recinto
de la sabiduría de los padres.
Miró el lago (jade bajo la noche), la ciudad,
isla rodeada de volcanes.

Y dijo el mensajero: —Piden verte,
señor, dos pescadores. Encontraron
un ave misteriosa. Es su deseo
que no la mire sino Moctezuma.

Entraron los dos hombres,
con el ave en la red. El Gran Tlatoani
observó que en lugar de la cabeza
tenía un espejo. En él vio que surgían
casas sobre la mar y unos venados
cubiertos de metal, grandes, sin cuernos.

—Vuelven los dioses —dijo Moctezuma—.
Las profecías se cumplen. No habrá oro
capaz de refrenarlos. Del azteca
quedarán solo el llanto y la memoria.

Las ruinas junto al mar

Entre los juncos donde el mar se estanca
las ruinas de un fortín, piedra caliza
y semidevoradas por la selva.
Manchas de moho, huellas de un incendio
y la raíz de un árbol hiende el muro.

Adentro una inscripción casi borrada.
Aún se alcanza a leer *Mil setecientos...*
Luego *Carlos III* y el nombre de un virrey.
Pardo vestigio
de una opresión que ya cambió de nombre
pero nos sigue atando.

Crónica

La guerra terminó o tal vez no ha empezado.
El fuego derribó nuestras murallas
y hacemos guardia entre las armas rotas.
En el aire se palpa un rumor de lluvia.
Aún no desciende pero está manchada
por nuestra sangre. ¿Somos inocentes
o somos los culpables de la matanza?
¿Quién desertó o ha muerto como un héroe?
No lo sabremos nunca. En esta noche
toda nuestra ventura se reduce
a esperar, a esperar aquella guerra
que aún no comienza
o se encendió hace siglos.

Old Forest Hill Road

Calle en penumbra, y el invierno baja
en escuadrones a su helada lumbre.
Hojas aún verdes en el prado, signos
de que el estío no ajustó su ciclo.
Casas cerradas y en silencio, enigmas
de cuántas vidas que pasaron *(y otras
que pasarán)* sin que mis ojos sepan
cómo pasaron.
Porque no estuve ni estaré. He venido
solo de paso a esta ciudad, a este mundo.
Soy extranjero en esta tierra. En todas
seré extranjero. Al regresar, mi patria
habrá cambiado. Y no estaré ni estuve.
Mi única tierra es una calle ajena
de hojas aún verdes que el otoño entrega
al hondo invierno y a su helada lumbre.

Souvenir

Aún queda nieve entre los árboles. Hay hojas
calcinadas de otoño bajo los setos.
Las ramas, blancas o pardas, todavía se desploman
bajo el agravio de su desnudez. Sin embargo,
la ardilla al fin ha abandonado el subsuelo
y el primer petirrojo ya escarba
en su coto de caza, ya pesca
las lombrices que han vuelto a la hierba.

El sol opaco pinta bosques de sombra
en la mancha de nieve. Ya todo
se dispone a vivir nuevamente.

Contemplo el móvil cuadro en la pared: esta ventana.
No volverán mis ojos
a detenerse en el jardín.
Seguirá la casa
con algo de nuestras voces y nuestras vidas.

Es demasiado el equipaje. No puedo
guardarme ni siquiera una hoja muerta
y calada de invierno.

A falta de una cámara, un pincel
o habilidad para el dibujo, me llevo
–como única constancia de haber estado–
unas cuantas palabras.

La flecha

No importa que la flecha no alcance el blanco.
Mejor así.
No capturar ninguna presa,
no hacerle daño a nadie,
pues lo importante
es el vuelo, la trayectoria, el impulso,
el tramo de aire recorrido en su ascenso,
la oscuridad que desaloja al clavarse,
vibrante,
en la extensión de la nada.

Inmemorial

El misterioso día
se acaba con las cosas que no devuelve.

Nunca nadie podrá reconstruir
lo que pasó ni siquiera en este
más cotidiano de los mansos días.

Minuto, enigma irrepetible.

Quedará tal vez
una sombra, una mancha en la pared,
vagos vestigios de ceniza en el aire.

Pues de otro modo qué condenación
nos ataría a la memoria por siempre.

Vueltas y vueltas en derredor de instantes vacíos.

Despójate
del día de hoy para seguir ignorando y viviendo.

Obra de arte

Por su luz invisible baja la araña
y, deslumbrado ante su perfección artística,
respondes
con un hilo de baba
que no es flexible ni tampoco sirve
para subir al cielo.

Tanta paciencia y tanta perfección
en vano.

Porque la escala fue también sudario
y su obra una red para atrapar
la intolerante suela del zapato.

De *Desde entonces*
[1980]

En resumidas cuentas

¿En dónde está lo que pasó
y qué se hizo de tanta gente?

A medida que avanza el tiempo
vamos haciendo más desconocidos.

De los amores no quedó
ni una señal en la arboleda.

Y los amigos siempre se van.
Son viajeros en los andenes.

Aunque uno existe para los demás
(sin ellos es inexistente),

Tan solo cuenta con la soledad
para contarle todo y sacar las cuentas.

Lavandería

Dentro de poco no sabré quién soy
entre todos los muertos que llevo encima.

Cambiamos siempre
de manera de ser y estar
como mudamos de camisa.

Pero lo malo de esta insaciedad
es que nada nos lava del ayer
como se limpia la otra ropa sucia.
Y vamos con un fardo de otros-yo
que nos pesa, nos hunde y sin embargo
no deja huellas en la oscuridad
ni sale a flote ya en ningún espejo.

Bagatela

Para quien no haya visto cuanto yo vi
parecerá mentira lo que pasó.
El mundo es diferente. Todo cambió.
No volverá a ser mío lo que perdí.
¿Dónde estará el pasado que terminó?
¿Cuál camino transita quien antes fui?
Para quien no haya visto cuanto yo vi
parecerá mentira lo que pasó.

Espectros

Nunca he visto fantasmas. Llevé una
años enteros en el desmantelado
teatro de la memoria.

Transilvania o los páramos ingleses
fueron menos temibles que los sitios
en donde estuve bajo el sol con ella.

No hubo exorcismo contra aquel espectro.

Un día cesaron las desapariciones.

Multitudes

Bajo un sol que aparenta comenzar otra edad
obreros, campesinos, pueblo, pueblo,
van ocupando a México. Parece
que es la revolución... No:
son acarreados
que trajo el PRI a aclamar al presidente.

Antiguos compañeros se reúnen

Ya somos todo aquello
contra lo que luchamos a los veinte años.

Cerdo ante Dios

Tengo siete años. En la granja observo
por la ventana a un hombre que se persigna
y procede a matar un cerdo.
No quiero ver el espectáculo.
Casi humanos, escucho
alaridos premonitorios.
(Casi humano es, dicen los zoólogos,
el interior del cerdo inteligente,
aún más que perros y caballos).
Criaturitas de Dios los llama mi abuela.
Hermano cerdo, hubiera dicho San Francisco.
Y ahora es el tajo y el gotear de la sangre
y soy un niño pero ya me pregunto:
¿Dios creó a los cerdos para ser devorados?
¿A quién responde: a la plegaria del cerdo
o al que se persignó para degollarlo?
Si Dios existe ¿por qué sufre este cerdo?
Bulle la carne en el aceite.
Dentro de poco
tragaré como un cerdo.

Pero no voy a persignarme en la mesa.

Nupcias

«¿De quién son esos ojos?»,
dicen como los niños los amantes.
Quieren *tener* para *ser* otros,
dos en uno, olvidarse
de que nacieron separados,
morirán separados.
Y solo por un instante están juntos.
Paz en la guerra.

Y nadie piense bajo aquellos minutos:
No eres *mía*, no soy *tuyo*,
nada nos pertenece, no poseemos
ni siquiera los nombres propios.

Somos hormigas obedientes.
Todo el amor, todo el deseo
apenas espejismos, sobornos
de la incesante procreación.
Engranajes
bien programados para perpetuarse.
Peces, cardúmenes
con el anzuelo de un segundo en las bocas,
en sus cuerpos que son
carne del tiempo.

Los conspiradores

No queremos dejarla en paz. Antes de suicidarse, B. llamó a sus amigos. No dijo lo que intentaba ni alcanzamos a imaginarlo: B. no había hecho simulacros ni ensayos generales. Nadie acudió al llamado. El abandono es injustificable. Pero, como es de suponerse, tenemos paliativos, coartadas. El teléfono suena a medianoche. Hay sobresaltos. No somos los que fuimos. Ahora cada uno tiene deberes y necesidad de levantarse temprano.

El suicidio es una crítica radical a nuestro modo de vida y, en primer término, un asesinato simbólico. Todos sentimos que matamos a B. y ella, en venganza, acabó con nosotros. Nos sobrevaloramos al pensar que una palabra nuestra, un gesto solidario, los consuelos de la filosofía cristiana o estoica, la esperanza de la revolución mundial, la memoria de los buenos momentos en compañía, el despliegue de nuestras propias humillaciones y fracasos, un sarcasmo oportuno y autoescarnecedor... algo hubiera bastado para conjurar el suicidio.

Más que en nuestro íntimo sufrimiento, en estas maniobras se revela el horror de estar vivo. Nos sentimos tan culpables que nadie quiere cargar con la culpa. Entre habladurías y reproches directos, sostenemos una campaña cerrada para que alguno de nosotros expíe el remordimiento colectivo –y le haga a B. en la muerte la compañía que no supimos hacerle en vida.

Obra maestra

Cuántos adjetivos podría acumular mi orgullo ante la obra maestra recién salida de mis manos: *tersa irisada plena perfecta incomparable*, avanza por el aire hasta chocar con invisibles arrecifes y hacerse añicos de nada. Tal es la historia crítica, el génesis y el apocalipsis de la pompa de jabón que, tras varias décadas de intento y error, fue mi única e irrepetible obra maestra.

Amistad

Hay viejas amistades parecidas al odio. Nos conocemos y nos reflejamos. Cada uno descubre los móviles del otro. Ya no podemos engañarnos con desplantes o subterfugios. Mutuamente nos hemos vuelto incómodos testigos. Odiamos sabernos proyectos que no se cumplieron, realidades que contrarían lo que esperábamos de nosotros mismos.

Reunirnos todos los días en el café se ha vuelto una obligación mecánica. Nada queda del afecto y la alegría compartida de los antiguos años. A la menor oportunidad sacamos las garras: módicos tigres condenados a dar vueltas en el mismo foso del zoológico hasta que se mueran de viejos o en un instante de sinceridad se entredevoren.

Nocturno de México

La húmeda noche se deposita en la ciudad. Ahora solo es visible su gran carta astronómica. Si alzas la vista no pensarás en cuántas estrellas que parecen arder son apenas reflejo de una catástrofe milenaria, información que a velocidad de años luz tarda edades de sombra para llegar hasta aquí abajo. Como si en su vértigo que se abre paso entre malezas intangibles aquel resplandor muerto se negara a hundirse en la fosa común de la eternidad.

No: si miras sublunarmente el espacio que para ti se configura como una bóveda, más bien te preguntarás sobre la destrucción de la capa de ozono por los gases que libera nuestro progreso y sus consecuencias sobre el aumento de las temperaturas y la multiplicación de los desastres naturales.

La noche está cavada de túneles. La horadan y trepanan ruidos inexorables como termes. El silencio del mundo se viene abajo triturado por la avidez de tanta carcoma. Todo resuena en la noche triste que cubre la ciudad como paño arrojado a la cara de un muerto.

Jardín de niños

[Poemas escritos para el libro-objeto de
Vicente Rojo que lleva el mismo título]

Para Alba Cama y Vicente Rojo

1

Abrir los ojos. Aún no hay mundo. Cerrarlos.
Ver las tinieblas prenatales. Allí
algo como un regreso al principio de todo.
Soy una amiba, un protozoario, un pez
que milenariamente va saliendo del agua*.
Con espasmos de asfixia me interrogo
sobre el planeta humeante.
Me adentro en tierra firme. Ya respiro.
Avanzo a rastras. Soy reptil pulmonado.
Y ahora me brotan alas: mis escamas
se han transformado sin saberlo en plumaje.

2

Lo que entre sangre y de la sangre brota
no es bello ciertamente.

---

* Esto que aquí se rompe y se rehace se llama *el mar*.

Como una fiera se debate, lucha
con los puños cerrados y protesta
contra quienes lo arrancan. Una cola
lo ata a su especie humana. La cercenan.
Recibe el primer golpe. La luz lo hiere.
Hierve el estruendo de este mundo.
Ahora está solo y se defiende llorando.
Cabeza deformada por el túnel
y la lucha asfixiante. El viejo monstruo
rejuvenece en horas y mañana
será tierno y hermoso.

3

Desde la cuna veo llover. Se desploma
el cielo entero en un torrente sin pausa.
La tierra inerme volverá a ser del agua.
¿Voy a tocar el fondo como una piedra
o flotaré como un anfibio en las ondas?
Desciende a plomo y melodiosamente la lluvia.
Huele el jardín a recomienzo. Despierta.
El agua baja a proseguir este mundo.
Vibra el rumor que me adormece. Me duermo.

4

Tinta de la memoria. Extensión ciega
de lo indecible inmemorable.

Allí no hay nada. Solo calor sin luz.
Tal vez la angustia
de la primera noche en esta tierra.
¿Acabarán
alguna vez las sombras?
¿Volverá el aire
a iluminarse?
Llanto, llanto
de aquel recién nacido en quien renueva
sus temores la especie.
Ser a solas,
indefenso ante el mundo, el gran no-yo
y su despliegue amenazante
sobre, en torno
del que ha nacido sin palabras.
Si tienes hambre, si padeces de frío,
si te incomodan los pañales,
existes, te hallas vivo, caes en la cuenta
de que los otros te hacen falta
y no eres
centro de ningún mundo,
rueda apenas
del perpetuo engranaje,
una semilla
entre la cuna eterna que se mece insaciable.

Generación que vas como las hojas...
como las hojas no, como las ondas
o círculos concéntricos taladrados
por la gota de lluvia en la masa de agua,
hasta que al ensancharse se hacen un todo
con el río que nunca para
porque es distinto siempre.
Las aguas pasan,
el río sigue su curso,
sigue en su cauce.
Generación
de los nacidos entre tumbas
al resplandor
del incendio del mundo.
Tanto trabajo de las células
y en poco tiempo
ser alimento de gusanos
en grandes fosas o en las ruinas del bombardeo.
Generación
de millones de niños muertos.
La sobrevida
será para los otros muerte en el alma.
Y su tarea
dejar escrito en agua su testimonio.

6

La única antorcha recibida
iluminó el entierro de sus muertos.
Desplazamientos
que por mil noches terminaron en humo.
Crujir de huesos,
rumor de casas incendiadas.
¿A quién le debo
haber estado a salvo
mirando todo
desde otra orilla?
Gran aventura
es la guerra como espectáculo,
a menos
de que uno lleve como pecado original esta culpa.

7

Pero el que nace y muere solo, vivirá acompañado.
Madre, padre, inventores
del frágil desconocido en cuya página en blanco
la estirpe deja rasgos y rastros. Pero quién sabe
qué hará con él la vida, qué hará la historia,
qué hará consigo mismo.

Mamá y papá, como en un juego,
arrojaron la piedra cuestabajo, pusieron

la hoja al viento, llevada
por los que están aquí, por los que nacen
y nacerán mañana.

8

El lactante o lechón entre dos orificios:
boquita bien dispuesta para llenarse de placer
con el líquido que lo construye y lo hace egoísta,
y la cloaca
que lo ata al suelo como globo cautivo
y le recuerda: eres también destructor
y has profanado la limpieza del mundo.
No eres un ángel
sino algo más hermoso y terrible.
Por ser humano
estás sujeto a tu grandeza y tragedia.
Que tus ojos sin color te descubran
la hermosura de esto que vives, la sordidez
de haber nacido entre la injusticia, el terror,
el microbio o bacilo que puede fermentarnos en lobos
de nuestros semejantes.

9

Narciso en el estanque: hay un espejo
donde se abisma el que se reconoce.

Quién como yo,
supone el niño al observar la ficción
hecha de luz contra telones de azogue.
Si no hay piedra que rompa el maleficio
la autohipnosis embriagará a su víctima,
lo hará un tirano incapaz de ver
más allá de su ombligo mínimo,
precisamente la cicatriz
que nos señala a fuego para indicar
pertenencia al conjunto, la obligación
de ser para otros ya que somos de otros.

10

Entre el amor que puede ser asfixia y produce
plantas de sombra que se calcinan en la realidad
    [sensitivas
y el desamor que engendra monstruos dolientes,
cuál es el justo medio, cuál es el punto
donde se erigen los que deben ser seres
de verdad humanos, no caricaturas
ni proyectos abandonados.
La violencia nace en la casa, el dulce hogar
reproduce lo que hay afuera. El maltrato,
como toda crueldad, es inconsciencia
y da forma a quienes serán
los crueles inconscientes del mañana.
La sobreprotección

es un efecto del pesimismo:
si el mundo es malo
y nada hacemos por cambiarlo –se dicen–
al menos retrasemos en lo posible
la hora y fecha del pago.

11

Si nada sobra, nada falta: hay comida,
tienes lecho, ropa limpia,
cuadernos de dibujo, libros, juguetes.
Por un azar incomprensible te tocó en suerte nacer
del otro lado de la muralla, en los márgenes.
Pero de cualquier modo no te baña la lluvia,
no sufres hambre,
cuando te enfermas hay un médico; eres querido
y te esperaron en el mundo.
Son muchos
los privilegios que te cercan y das
por descontados. Sería imposible
pensar que otros no los tienen.
Y un día
te sale al paso la miseria. La observas
y no puedes creer que existan niños
sin pan, sin ropa, sin cuadernos, sin padre.
Te vuelves y preguntas por qué hay pobres.
Descubres
que está mal hecho el mundo.

Esos días, lo rápido que pasan.
Memorias no: destellos, aerolitos
en galaxias de olvido o de invención.
Esos días
del único Adán único que tuvo para sí toda la casa,
todos los padres, todos los amores.
Hasta que el paraíso se disuelve
y entran por fin los otros:
semejantes o hermanos, da lo mismo.
No hay limbo, el purgatorio no existe:
solamente
paraíso o infierno aquí en la tierra.
En uno u otro,
no en el lugar de enmedio, no en la tierra de nadie.
Infierno si has perdido lo que tuviste, infierno
si no lo tienes, infierno
si te desvela la obsesión de perderlo,
aunque no valga nada ni sea nada: espejismo
de egolatría, disfunción
de una célula, carcoma.
Arde la tierra.
En sangre derramada arde la tierra.

Pero el niño reinventa las palabras
y todo adquiere un nombre. Verbos actuantes,

muchedumbre de sustantivos. Poder
de doble filo: sirve lo mismo
a la revelación y al encubrimiento.
Cuando el objeto ya no está,
cuando los actos mueren
queda aún la palabra que los nombra, fantasma
de presencias que se disuelven.
Envuelto en esta herencia nos llega el tiempo,
calidoscopio
de figuras compuestas al infinito.
Los mismos vidrios
para un millón de imágenes distintas,
siempre distintas.
Ningún día vuelve, cada minuto es diferente.
En la sucesión,
en su insondable vértigo nos queda,
como hilo en nuestro camino o migaja
para volver por nuestros pasos, el habla.

14

El niño tiene la intuición de que no es preciso formar
una secta aparte o sentirse
superior a los otros para hacer poesía.
La poesía se halla en la lengua,
en su naturaleza misma está inscrita.
Y sus primeras frases son poéticas siempre.
Como un poeta azteca o chino,

el niño de dos años se interroga y pregunta:
–¿Adónde van los días que pasan?

15
(*Cartilla de lectura*)

EL NIÑO rompe todas las cosas de LA CASA.
Quiere adueñarse de LA CASA.
Rompe todo lo viejo que hay en LA CASA.
EL NIÑO representa LA VIDA nueva.
LA VIDA nueva está condenada a hacerse LA VIDA vieja.
Un día será como las cosas viejas que hay en LA CASA.

16

Recuerdos de la infancia como el eco de un pozo.
Inquietud
de quien surge y destruye todo.
Niño que sin saberlo
quiere rehacer el mundo y, cansado
de exterminar las cosas del viejo orden,
se pone
a esculpir su utopía inconsciente: dibujos
en un cuaderno, trazos geométricos,
ciudad justa, visiones
de alguna tierra inalcanzable.
O, si no puede con el dibujo, trata

de inventar las historias que ajusten los fragmentos
del gran rompecabezas: la realidad.
Y queda al margen
de los actos. Su hacer
se añade al mundo pero no lo transforma.

17

Como pedazos de estatuas rotas que desentierran
en los centros ceremoniales
son los juguetes lamentables, las fotos,
los cuadernos casi ilegibles
hallados de repente al limpiar la casa.
Estas ruinas son todo lo que perdura
de la infancia irrestituible. (La estatua
puede recomponerse;
el pasado interno
salidifica a quien se vuelve a mirarlo).
En los despojos o recuerdos por un instante
el ayer se entreabre y luego
queda cerrado para siempre.

18

Ahora en definitiva es otro mundo. Aquellos años
en que irrumpimos sin saber adónde parecen
tan lejanos como el diluvio. No obstante,

prosigue la gran matanza.
Se extiende el hambre.
En el sur de América
hay campos de tortura, inmensas fosas
se abren en nuestra tierra como en Auschwitz.
El tiempo
no pasó en vano.
Se perfecciona el exterminio.
Aunque todo esto
no servirá de mucho
ante el valor humano, frente a la decisión
de alcanzar un futuro.

19

Como del fondo sube una burbuja y los peces,
encadenados al acuario, horadan el tedio
en feroces o mansas coreografías, nosotros
estamos ciegos para ver más allá del gran vidrio,
del agua turbia que llamamos el tiempo.
Somos los peces de este ahora, vorazmente transformado
    [en entonces;
los prisioneros reducidos a soñar un porvenir que otros
    [muchos soñaron y ya es
nuestro presente miserable.
No puedo dar un paso fuera de mi acuario.
Conozco mis voraces limitaciones.
Falta el oxígeno. Las algas proliferan.

Se adensa el agua.
Hay un escape en algún lado.
Tal vez nos llegará la asfixia, tal vez muramos
sin ver el otro mundo allá afuera*.

20
(*Epílogo*)

O somos los guijarros que expulsa el mar y caemos
en la playa que no elegimos, entre sargazos
y entre grumos letales de petróleo. Aquí está
la sequía que nombran el desierto. Es preciso
atravesarlo de sol a sol. Llegaremos
al otro mar a que nos cubra la muerte. Entretanto
el camino es la meta y nadie avanza solo
y el agua se comparte o revienta. No hay
minuto que no transcurra. Adelante.

*   Pero qué importa esa agonía.
    Si te derrumbas, si te mueres
    habrá otro siempre
    para acabar cuanto empezaste.
    Nada es inútil y tu misma muerte
    transmitirá la vida a quienes lleguen.
    El mundo
    no morirá, lo sabes,
    cuando te extingas.

De *Los trabajos del mar*
[1983]

El puerto

El mar bullente en el calor de la noche,
el mar que lleva adentro su cólera,
el mar sepulcro de las letrinas del puerto,
nunca mereció ser este charco que huele a ciénega,
a hierros oxidados, a petróleo y a mierda,
lejos del mar abierto, el golfo, el océano.

No hay olas en este mar encadenado, esta asfixia
cada vez más oscura en la noche que se ahoga pudriéndose.
No espejo sino el reverso de azogue, la cara sombría.

Ya progresamos hacia el fin del mundo.

Informe de Jonás

Intenté huir de Dios que me ordenaba
predicar contra Nínive.
Me embarqué rumbo a Tarsis.
Se desató la tempestad.
Fui arrojado
para aquietar las olas.

Me rodearon las aguas hasta el alma.
Las algas se enredaron en mi cabeza.
La tierra echó sobre mí sus cerrojos.
Y me trago *el gran pez* finalmente.

En el temible vientre de la ballena encontré
procesos digestivos, violencia pura, cardúmenes,
una teoría del estado moderno, una imagen
del desamparo humano, un retorno
al paraíso prenatal irrigado
por el fluir de la corriente sanguínea.

Y en mi habitada soledad tuve tiempo
para reflexionar en la esperanza: algún día
¿nuestra vida ya no será, como la llamó Hobbes,
tan solo *breve, brutal y siniestra*?

El silencio

La silenciosa noche. Aquí en el bosque
no se escuchan rumores.
Los gusanos trabajan.
Los pájaros de presa hacen lo suyo
Pero yo no oigo nada.
Solo el silencio que da miedo. Tan raro,
tan escaso se ha vuelto en este mundo
que ya nadie se acuerda de cómo suena,
nadie quiere
estar consigo mismo un instante.
Mañana
dejaremos de nuevo la verdadera vida para mañana.
No asco de ser ni pesadumbre de estar vivo:
extrañeza
de hallarse aquí y ahora en esta hora tan muda.
Silencio en este bosque, en esta casa
a la mitad del bosque.
¿Se habrá acabado el mundo?

A Circe, de uno de sus cerdos

> Circe abrió las puertas de la pocilga y sacó a mis
> compañeros en figura de puercos de nueve años.
>
> *Odisea*, rapsodia X

De entre todas las bestias
que en mi cuerpo lucharon contra mi alma
acabó por triunfar el cerdo.

Circe, amor mío, cuánta paz y felicidad sabernos
nada más cerdos. No ambicionar
la aprobación de nadie,
no suplicarle a nadie: entiéndeme,
tienes que comprenderme, soy falible, perdóname.

No hay embrujo tan grande como el placer
de revolcarnos en el lodo:
tú la hechicera, yo el cerdo.

Qué triste dicha ser uno más de tus cerdos.
Somos tu piara, la zahúrda es tu templo.

Disfruta, Circe, la pasión de tus cerdos.
Paga en amor la humillación de tus cerdos.

La noche nuestra interminable

Mis paginitas, ángel de la guardia, fe
de las niñeces antiquísimas,
no pueden, nada logran, son inútiles
contra el horror creciente de este mundo.
Y en dónde yace la esperanza, de dónde
va a levantarse el día que sepulte
la noche nuestra interminable y doliente.

Strada dell'abbondanza

A fuerza de explotar a los esclavos
y robarse dinero público,
hubo auge en los negocios. Así los ricos
se volvieron más ricos, mientras los pobres
redoblaban su hambre y su miseria. La ciudad
desbordó sus antiguos límites, perdió sus rasgos
originales, fue reconstruida
según los lineamientos del imperio. También el habla
se corrompió con los hablantes. Y el lujo
entró como la hiedra en muchas partes.
Combatieron el tedio con la droga.
Nos legaron imágenes de sus actos sexuales,
como extraño presentimiento
de su fragilidad. Y entre robos
y asesinatos dondequiera, el terror
extendió su dominio. Miedo en la alcoba
y pánico en la calle. Furia y pena.
Sobre todo odio
proliferante. Porque el bien camina
pero el mal corre (y no se sacia nunca).
Todo esto sucedió en Pompeya, la víspera
del estallido del Vesubio.

Carta a George B. Moore
en defensa del anonimato

No sé por qué escribimos, querido George.
Y a veces me pregunto por qué más tarde
publicamos lo escrito. Es decir, lanzamos
una botella al mar, harto y repleto
de basura y botellas con mensajes.
Nunca sabremos
a quién ni adónde la llevarán las mareas.
Lo más probable
es que sucumba en la tempestad y el abismo.

Sin embargo, no es tan inútil esta mueca de náufrago.
Porque un domingo
usted me llama de Estes Park, Colorado,
me dice que ha leído cuanto está en la botella
(a través de los mares: nuestras dos lenguas)
y quiere hacerme una entrevista.
Después recibo un telegrama inmenso
(lo que se habrá gastado usted al enviarlo).

En vez de responderle o dejarlo en silencio
se me ocurrieron estos versos. No es un poema,
no aspira al privilegio de la poesía
(no es voluntaria).
Y voy a usar, así lo hacían los antiguos,

el verso como instrumento de todo aquello
(relato, carta, drama, historia, manual agrícola)
que hoy decimos en prosa.

Para empezar a *no* responderle,
no tengo nada que añadir a lo que está en mis poemas,
dejo a otros el comentario, no me preocupa
(si alguno tengo) mi lugar en la historia.
(Tarde o temprano a todos nos espera el naufragio).
Escribo y eso es todo. Escribo: doy la mitad del poema.
Poesía no es signos negros en la página blanca.
Llamo poesía a ese lugar del encuentro
con la experiencia ajena. El lector, la lectora
harán o no el poema que tan solo he esbozado.

No leemos a otros: *nos leemos* en ellos.
Me parece un milagro
que algún desconocido pueda verse en mi espejo.
Si hay un mérito en esto –dijo Pessoa–
corresponde a los versos, no al autor de los versos.
Si de casualidad es un gran poeta
dejará cuatro o cinco poemas válidos,
rodeados de fracasos y borradores.
Sus opiniones personales
son de verdad muy poco interesantes.

Extraño mundo el nuestro: cada día
le interesan cada vez más los poetas;
la poesía cada vez menos.

El poeta dejó de ser la voz de la tribu,
aquel que habla por quienes no hablan.
Se ha vuelto nada más otro *entertainer*.
Sus borracheras, sus fornicaciones, su historia clínica,
sus alianzas o pleitos con los demás payasos del circo,
tienen asegurado el amplio público
a quien ya no hace falta leer poemas.

Sigo pensando
que es otra cosa la poesía:
una forma de amor que solo existe en silencio,
en un pacto secreto entre dos personas,
de dos desconocidos casi siempre.
Acaso leyó usted que Juan Ramón Jiménez
pensó hace mucho tiempo en editar una revista.
Iba a llamarse «Anonimato».
Publicaría no firmas sino poemas;
se haría con poemas, no con poetas.
Y yo quisiera como el maestro español
que la poesía fuese anónima ya que es colectiva
(a eso tienden mis versos y mis versiones).
Posiblemente usted me dará la razón.
Usted que me ha leído y no me conoce.
No nos veremos nunca pero somos amigos.
Si le gustaron mis versos
qué más da que sean míos / de otros / de nadie.
En realidad los poemas que leyó son de usted:
Usted, su autor, que los inventa al leerlos.

De *Miro la tierra*
[1986]

Las ruinas de México
(Elegía del retorno)

Y entonces sobrevino de repente un gran terremoto.

Hechos de los Apóstoles 16, 26

Volveré a la ciudad que yo más quiero
después de tanta desventura, pero
ya seré en mi ciudad un extranjero.

Luis G. Urbina,
Elegía del retorno (1916)

I

1

Absurda es la materia que se desploma,
la penetrada de vacío, la hueca.
No: la materia no se destruye,
la forma que le damos se pulveriza,
nuestras obras se hacen añicos.

2

La tierra gira sostenida en el fuego.
Duerme en un polvorín.
Trae en su interior una hoguera,

un infierno sólido
que de repente se convierte en abismo.

3

La piedra de lo profundo late en su sima.
Al despetrificarse rompe su pacto
con la inmovilidad y se transforma
en el ariete de la muerte.

4

De adentro viene el golpe,
la cabalgata sombría,
la estampida de lo invisible, explosión
de lo que suponemos inmóvil
y bulle siempre.

5

Se alza el infierno para hundir la tierra.
El Vesubio estalla por dentro.
La bomba asciende en vez de caer.
Brota el rayo en un pozo de tinieblas.

6

Sube del fondo el viento de la muerte.
El mundo se estremece en fragor de muerte.
La tierra sale de sus goznes de muerte.
Como secreto humo avanza la muerte.
De su jaula profunda escapa la muerte.
De lo más hondo y turbio surge la muerte.

7

El día se vuelve noche,
polvo es el sol,
el estruendo lo llena todo.

8

Así de pronto lo más firme se quiebra,
se tornan movedizos concreto y hierro,
el asfalto se rasga, se desploman
la vida y la ciudad. Triunfa el planeta
contra el designio de sus invasores.

9

La casa que era defensa contra la noche y el frío,
la violencia de la intemperie,

el desamor, el hambre y la sed,
se reduce a cadalso y tumba.
Quien sobrevive queda prisionero
en la arena o la malla de la honda asfixia.

10

Solo cuando nos falta se aprecia el aire,
cuando quedamos como el pez atrapados
en la red de la asfixia. No hay agujeros
para volver al mar que era el oxígeno
en que nos desplazamos y fuimos libres.
El doble peso del horror y el terror
nos ha puesto
fuera del agua de la vida.

Solo en el confinamiento entendemos
que vivir es tener espacio.
Hubo un tiempo
feliz en que podíamos movernos,
salir, entrar y ponernos de pie o sentarnos.
Ahora todo cayó. Ha cerrado
el mundo sus accesos y ventanas,
Hoy entendemos lo que significa
una expresión terrible:
sepultados en vida.

11

Llega el sismo y ante él no valen
las oraciones ni las súplicas.
Nace de adentro para destruir
todo lo que pusimos a su alcance.
Sube, se hace visible en su obra atroz.
El estrago es su única lengua.
Quiere ser venerado entre las ruinas.

12

Cosmos es caos pero no lo sabíamos
o no alcanzamos a entenderlo.
¿El planeta al girar desciende
en abismos de fuego helado?
¿Gira la tierra o cae? ¿Es la caída
infinita el destino de la materia?

Somos naturaleza y sueño. Por tanto
somos lo que desciende siempre:
polvo en el aire.

II

Las piedras que hay en oscuridad y en sombra
de muerte abren minas lejos de lo habitado.
En lugares ignotos donde el pie no se posa se
suspenden y balancean.

Job 28, 4-5

1

Crece en el aire el polvo,
llena los cielos.
Se hace de tierra y de perpetua caída.
Es lo único eterno.
Solo el polvo es indestructible.

2

Avanzo, doy un paso más,
miro de cerca el infierno.
Muere el día de septiembre
entre la asfixia y los gritos.

Arañamos las piedras y brota sangre.
Todo el peso del mundo se ha vuelto escombro.
La palabra *desastre* se ha hecho tangible.

Se hundió la casa de papel, el cuarto de juegos
de un niño inexplicable que al despertar
aplastó sus cubitos de hojalata.
Pero no hay juego.
Solo personas que se mueren,
gente que ha muerto, seres humanos
que si salieran vivos del tormento entre escombros
habrían dejado entre el montón de ruinas
brazos y piernas.
Nadie está a salvo.
Aun al quedar ilesos hemos perdido
nuestro ayer y nuestra memoria.

3

De aquella parte de la ciudad que por derecho
de nacimiento y crecimiento, odio y amor
puedo llamar la mía (a sabiendas
de que nada es de nadie),
no queda piedra sobre piedra.

Esta que allí no ves, que allí no está
ni volverá a alzarse nunca, fue en otro mundo
la casa en que abrí los ojos.
La avenida que pueblan damnificados
me enseñó a caminar.
Jugué en el parque
hoy repleto de tiendas de campaña.

Terminó mi pasado.
Las ruinas se desploman en mi interior.
Siempre hay más, siempre hay más.
La caída no toca fondo.

4

Para talar un árbol de cierta edad
no empieces nunca
por el durísimo tronco:
primero corta las raíces,
el cordón que ata el árbol a la tierra,
madre, sustento y memoria.

Para que exista el árbol ha de haber tierra.
Para vivir necesitamos aquello
que derribó el inmenso hachazo en segundos.

5

Suelo es la tierra que sostiene,
el piso que ampara, la fundación
de la existencia humana. Sin él
no se implantan ciudades ni puede alzarse el poder.
«Los pies en la tierra»
decimos para alabar la cordura,
el sentido de realidad.

Y de repente
el suelo se echa a andar,
no hay amparo:
todo lo que era firme se viene abajo.

6

Dondequiera que pises no habrá refugio.
El suelo puede ser de nuevo mar, encresparse.
Hasta el muro más fuerte se halla en peligro.
No se alzan ciudadelas contra el terror.
Nuestra tierra no es tierra firme.

7

A los amigos que no volveré a ver,
a la desconocida que salió a las seis
para ir a su trabajo de costurera o mesera;
a la que iba a la escuela para aprender
computación e inglés en seis meses,
quiero pedir disculpas por su vida y su muerte.

Ruego que me perdonen porque nunca encontraron
su rostro verdadero en el cuerpo de tantos
que ahora se desintegran en la fosa común
y dentro de nosotros siguen muriendo.

Muerto que no conozco, mujer desnuda
sin más cara que el yeso funeral,
el sudario de los escombros, la última
cortesía del infinito desplome:
tú, el enterrado en vida; tú, mutilada;
tú que sobreviviste para sufrir
la inexpresable asfixia: perdón.

No pude darles nada.
Mi solidaridad de qué sirve.
No aparta escombros, no sostiene las casas
ni las erige de nuevo.
Pido, al contrario,
para salir de mis tinieblas,
la mano imposible
que ya no existe o ya no puede aferrar
pero se extiende todavía
en un espacio de dolor o en un confín de la nada.

Perdón por hallarme aquí contemplando,
en donde estuvo un edificio,
el hueco profundo,
el agujero de mi propia muerte.

8

Para los que ayudaron, gratitud eterna, homenaje.
Cómo olvidar –joven desconocida, muchacho anónimo,

anciano jubilado, madre de todos, héroes sin nombre–
que ustedes fueron desde el primer minuto de espanto
a detener la muerte con la sangre
de sus manos y de sus lágrimas;
con la certeza
de que el otro soy yo, yo soy el otro,

y tu dolor, mi prójimo lejano,
es mi más hondo sufrimiento.

Para todos ustedes acción de gracias perenne.
Porque si el mundo no se vino abajo
en su integridad sobre México
fue porque lo asumieron
en sus espaldas ustedes,
héroes plurales, honor del género humano,
único orgullo
de cuanto sigue en pie solo por ustedes.

9

Reciba en cambio el odio,
también eterno, el ladrón,
el saqueador, el impasible, el despótico,
el que se preocupó de su oro y no de su gente,
el que cobró por rescatar los cuerpos,
el que reunió fortunas de quince mil millones de escombros
donde resonarán perpetuamente los gritos
de quince mil millones de muertos.

Que para siempre escuche el grito de los muertos
el que se enriqueció traficando
con materiales deleznables,
permisos fraudulentos de construcción,
reparaciones bien cobradas y nunca hechas.

Cubra la sangre el rostro del ladrón,
jamás encuentre reposo,
la asfixia sea su noche,
su vida el peso conjunto
de todas las paredes arrasadas.

10

Con qué facilidad en los poemas de antes hablábamos
del polvo, la ceniza, el desastre y la muerte.
Ahora que están aquí ya no hay palabras
capaces de expresar qué significan
el polvo, la ceniza, el desastre y la muerte.

11

Secamos toda el agua de la ciudad, destruimos,
por usura, los campos y los árboles.
En vez de tierra a nuestras plantas quedó
un sepulcro de fango árido

y rencoroso, malignamente incapaz
de amparar lo que sostenía.

La ciudad ya estaba herida de muerte.
El terremoto vino a consumar
cuatro siglos de eternas destrucciones.

12

El niño que se aburre en el jardín avizora
la columna de hormigas. Van al trabajo,
intercambian informaciones. Qué gran esfuerzo
llevar a cuestas su brizna o su fragmento de mosca.
Qué ordenado parece desde allá arriba
este mundo de hormigas. (En su interior
ha de ser como otro cualquiera
y bullir en discordia, tedio, ansiedades,
aguda conciencia
de la mortalidad de todo y todos).

En la visión del niño las hormigas
semejan partes de un reloj.
Va a romperlo.
Como una forma de poder imbatible
el niño destruye
casas, columnas, obras, galerías.

A unos centímetros
el mundo sigue igual. Crecen las hojas,
el árbol se endurece en su quietud,
cae el polvo en la luz, el tiempo gira
—y la ciudad de hormigas ya no existe,
ya solo es un montón de ruinas dolientes
y seres diminutos que padecen
su agonía entre escombros.

El niño, concluida su labor,
se dispone a algún otro juego.

III

Llorosa Nueva España que, deshecha,
te vas en llanto y duelo consumiendo...

FRANCISCO DE TERRAZAS,
Nuevo Mundo y conquista

1

La tierra desconoce la piedad.
El incendio del bosque o el suplicio
del tenue insecto bocarriba que muere
de hambre y de sol durante muchos días
son insignificantes para ella
–como nuestras catástrofes.
La tierra desconoce la piedad.
Solo quiere
prevalecer transformándose.

2

La tierra que destruimos se hizo presente.
Nadie puede afirmar: «Fue su venganza».
La tierra es muda: habla por ella el desastre.
La tierra es sorda: nunca escucha los gritos.
La tierra es ciega: nos observa la muerte.

3

Los edificios bocabajo o caídos de espaldas.
La ciudad de repente demolida
como bajo el furor de los misiles.
La puerta sin pared, el cuarto desnudo,
harapos de concreto y metal que fueron morada
y hoy forman el desierto de los sepulcros.

4

Mudo alarido de este desplome que no acaba nunca,
las construcciones cuelgan de sí mismas. Parecen
grandes camas deshechas puestas de pie
porque sus habitantes ya están muertos.
Pesa la luz de plomo. Duele el sol
en la Ciudad de México.

5

El lugar de lo que fue casa lo ocupa ahora
un hoyo negro (y representa al país entero).
Al fondo de ese precario abismo yacen pudriéndose
escombros y basura y algo brillante.
Me acerco a ver qué arde amargamente en la noche
y descubro mi propia calavera.

6

Isla en el golfo de la destrucción plural indiscriminada,
nunca estuvo tan sola esta casa sola.
No se dobló ni presenta grietas.
Contra la magnitud del sismo la pequeñez
fue la mejor defensa.
Sigue indemne, pero deshabitada.
Nadie quiere ser náufrago
en este mar de ruinas donde nada previene
contra el oleaje de la piedra.

7

Del edificio que desventró en su furia salvaje
al embestir el toro de la muerte,
brotan varillas como raíces deformadas.
Sollozan hacia adentro
por no ser vegetales,
capaces de hundirse en tierra, renacer,
a fuerza de paciencia reconstruirse,
y levantar lo caído.

Raíces inorgánicas estas varillas que nada más soportan
su irremediable vergüenza.
Las vencieron
la corrupción y la catástrate. Parecen
tallos sobrevivientes de árbol caído.

Pero son flechas
que apuntan a la cara de los culpables.

8

Entre las grandes losas despedazadas, los muros
hechos añicos, los pilares, los hierros,
intacta, ilesa,
la materia más frágil de este mundo:
una tela de araña.

9

Esos huecos sembrados
con tezontle color de sangre
o plantas moribundas
que algunos llaman «jardines»,
tratan de conjurar la omnipotencia de la muerte
y no logran
sino que llene su vacío la muerte.
(Quizá «vacío»
es el nombre profundo de la muerte).

Al pisar
los monumentos que la nada erigió a la muerte
sentimos
que allá abajo se encuentran todavía
desmoronándose los muertos.

Las fotos más terribles de la catástrofe
no son fotos de muertos. Hemos visto
ya demasiadas. Este es el siglo
de los muertos. Nunca hubo tantos
muertos sobre la tierra. ¿Qué es un periódico
sino un recuento de muertos
y objetos de consumo para gastar
la vida y el dinero y ocultarnos tras ellos
contra la omnipotencia de la muerte?

No: las fotos más atroces de la catástrofe
son esos cuadros en color donde aparecen muñecas
indiferentes o sonrientes, sin mengua, sin tacha,
entre las ruinas que aún oprimen
los cadáveres de sus dueñas, la frágil vida
de la carne que como hierba ya fue cortada.

Invulnerabilidad de los plásticos que en este caso
tuvieron nombre
y existencia de alguna forma.
Acompañaron, consolaron, representaron la dicha
de aquellas niñas que intolerablemente nacieron
para ver desplomarse su futuro
en el fragor de este fin de mundo.

11

Hay que cerrar los ojos de los muertos
porque vieron la muerte y nuestros ojos
no resisten esa visión.
Al contemplarnos
en esos ojos que nos miran sin vernos
brota en el fondo nuestra propia muerte.

12

Esa ciudad *no tiene historia,*
solo martirologio.
El país del dolor,
la capital del sufrimiento,
el centro deshecho
del inmenso desastre interminable.

IV

Patria, patria de lágrimas, mi patria.

GUILLERMO PRIETO

1

Si volvieran los muertos
no te reconocerían, ciudad
manchada por el desastre,
capital del vacío.

Fluye la noche inerme, continúa
su infinito desplome,
envuelve las ruinas
con un nuevo dolor que lo cubre todo.

2

Al regresar, me decía, no encontraré lo que estuvo;
únicamente me espera
lo que sobrevivió. Lo demás
será muñón o árbol talado, allí enmedio
de cuanto mordió el polvo, o más bien
de cuanto fue mordido por el polvo

3

El polvo del derrumbe flota en el aire.
Es invisible aunque su peso asfixia.
¿No ha de llegar el fin de la catástrofe?
Polvo y ruinas
¿serán los amos de la Nueva España?

4

Al respirar usurpamos
el aire que faltó a los enterrados en vida.
Extraño azar el de seguir aún vivos
a la sombra de tantos muertos.

5

Hay terror en la luna que brilla plena entre escombros.
Porque la luna es un desierto flotante, un espejo
de lo que nuestra tierra será algún día.
Ni árbol ni pájaro.
Continentes de arena helada, mares sin agua
huellas de un terremoto planetario,
acre silencio que por fin ha anulado,
innumerable, el gran clamor de los muertos.

6

Lo que ayer fue jardín es hoy desierto de hojas.
Ya se quemó el otoño, solo perduran
los árboles inermes en su hojarasca, su ruina.
Y pasado el invierno recobrarán su grandeza.
En cambio los muertos
ya no verán la otra primavera.
La ciudad
jamás renacerá como estas hojas.

7

No existe el pesimismo. Uno apuesta a la vida
al levantarse de la cama, hacer proyectos, hablar.
El mundo se sostiene en la creencia
de que la muerte y la tragedia pactaron
nada más con nosotros y nos dejan tranquilos
para que todo siga mediobien, mediomal
—hasta que un día irrumpe la catástrofe.

8

Después de cada gran catástrofe siempre buscamos
advertencias, augurios, premoniciones.
Supongo que se trata de una protesta
contra lo inesperado, una precaria defensa

contra el desastre que aún no llega.
Vivir exige
suponernos invulnerables.
De otra manera
no cruzaríamos la calle.
Ahora sabemos
que de nada sirve encerrarse:
cualquier desastre
lleva la muerte al más seguro refugio.

9

Los animales avisaron, intentaron hablar
y no entendimos las señales.
El perro San Bernardo, siempre cordial
y a quien se trata con extremo cariño,
lloró todas las noches meses enteros.
El gato que solo aspira a comer y a dormir
no cerraba los ojos y escuchaba el subsuelo.
Las viejas cucarachas aumentaron
su pánico ajetreado.
Las hormigas llenaron todas las casas.
Las ratas estuvieron más activas que nunca.
Innumerables peces
se dejaron morir en los acuarios.

Y nunca habían zumbado tantas moscas azules.

10

«Nada es eterno» era una simple frase,
pero nunca creímos
que nos tocaría ver el final de todo en segundos.
¿Para qué construir ciudades, seguir aquí, tener hijos
si basta un estallido de la furia ciega sin nombre
para acabar con todo lo que somos?

11

Conquistar el poder, el oro, la forma perfecta
del arte o de los cuerpos. Abrirse paso
hasta la cima imaginaria. Disciplinarse, esforzarse.
Negar todo placer y tentación. Alcanzar
la santidad o la maldad suprema.
Llegar a la invisible meta codiciada por tantos.
Subir, plantar la bandera, decirle al mundo:
Quién como yo, admiradme
–y en ese instante se desencadena
crece, vibra y estalla y derrumba todo
el que nadie esperaba, el terremoto.

12

Parto de aquí bajo la lluvia.
El día en los bosques cayó

y se humedece en las hojas.
Adonde voy no existe ya bosque alguno.
Solo el desierto de las ruinas
y en torno suyo
lo que aún sigue en pie se afantasma.

V

Facilis descensus Averni.

Eneida VI, 58

1

Era de noche. Fuimos a la playa
para buscar almejas y comerlas asadas
en la fogata que encendimos cerca del muelle.
Al excavar la arena descubríamos
a la almeja en quietud. Todo el reposo
transformado en tortura y muerte.
Aquella noche no pensamos en que un día
la ciudad iba a correr la misma suerte
de la almeja en la playa.

2

Una semana antes del desastre encontraron
los restos del *Titánic* en el fondo del mar.
Pasado el terremoto dijimos todos:
la ciudad zozobró en la tierra,
se estrelló contra un áisberg invisible,
cayó de bruces en el abismo del polvo,
lo más hondo se alzó para devorarla.

(Aquí también como en el *Titánic*
el mayor número de víctimas fue cosechado
entre el pasaje de tercera clase).

3

Desde el punto de vista de quien murió
o ha sufrido las consecuencias,
durante esos minutos
el universo se cayó,
se derrumbaron planetas.
Fue una catástrofe cósmica:
galaxias desplomándose, hoyos negros
devorando el espacio entero.

4

Era tan bella (nos parece ahora)
esa ciudad que odiábamos y nunca
volverá a su lugar.

Hoy una cicatriz parte su cuerpo.
Jamás podrá borrarse. Siempre estará
dividiéndolo todo el terremoto.

5

Nadie piensa en las siete como una hora
propicia a los desastres. Más bien creemos
que las grandes catástrofes solo ocurren de noche.
En sí misma la noche parece trágica.
(Las tinieblas, velos del mal;
la oscuridad, sinónimo de luto).
La noche nos alarma pues nadie sabe
si el sol reaparecerá a la hora debida.
En la ancestral caverna inventamos de noche
a los demonios y a los dioses.
Reservamos la noche para la muerte
y en cambio transformamos la mañana
en símbolo de vida y renovación,
de esperanza en una palabra.
Al regresar el sol quedan deshechos
los miedos y los males.
La luz que inventa el día protege al mundo.
Por eso duele como una doble traición
el terremoto de las siete.

6

Cuánto tiempo debe de estar guardada la lluvia
en una tierra que desconoce la nieve
para que en la secreta primavera del valle
las flores se abran en perpetuo comienzo,

reverdezcan los árboles, brote la hierba
y la belleza del mundo
se oponga a la fealdad que es culpa nuestra.

7

He visto muchas veces a las ratas de México,
las grandes habitantes de la noche de México:
despanzurradas, envenenadas, pudriéndose.
Solo una vez miré su plenitud escurridiza
en un alba de piedra impenetrable.
Las ratas me siguieron por San Juan de Letrán,
esquina tras esquina, retadoras, burlándose
con chillidos bien descifrables:
«No oses dañarnos ni nos veas desde arriba.
Mucho menos cantes victoria.
Quieras o no
será nuestra la última palabra».

Frente al Salto del Agua me dejaron en paz.
No adiós sino hasta luego me dijeron las ratas:
«Allá abajo nos vemos».

8

No he vuelto a ver gorriones,
los ocelados sin ley ni hogar ni futuro

206

que eran los dueños de la calle, los amos
de árboles moribundos y cornisas en ruinas.

No he vuelto a ver gorriones ni palomas:
hoy esta es la ciudad de las moscas azules.

9

Enjambran, tejen, amotinan, deslíen
su rococó zumbante las moscas azules
en su traje de luces que un día también
será bordado en mi taller de tinieblas.

Minueto, rumba, vals de circo o marcha guerrera,
vibra la danza de las moscas azules
en esta que es ahora la ciudad de los muertos.

Ángeles condenados al subsuelo y hoy al escombro,
abejas poderosas: todas son reinas.
Qué democracia la de estas moscas azules.
Qué poderío el de las incansables que retan
con el color y el zumbido.
Qué saber y gobierno los de estas moscas azules,
hoy dueñas y señoras en el valle de México.

La dictadura de las moscas azules,
omnipotentes, victoriosas, vencedoras soberbias.
La siempre invicta fuerza aérea implacable,

el orgullo más grande y más humilde
entre las huestes de la muerte.

Ellas no tienen miedo de la noche de México.
Son las nuevas luciérnagas. Se adueñan
de las tinieblas y las hienden brillando.
Solo estas moscas
reinan sobre el estrago y se apropian de todo.
Las flores del desastre, las pregoneras
de los muertos que hay en el aire.

10

La hija de la muerte se va a morir también. Patalea
la mosca azul agonizante que expira ahíta
del cadáver en que nació. Ha devorado
todo su capital pero a la vez ha cumplido
con su deber y su ética.
Vivió solo para ultimarnos,
para limpiar este mundo
de la triste carroña que seremos.

No hay mosca azul para la mosca azul.
El triunfo de la muerte beneficia por último
a las dueñas del mundo: las hormigas.

Jamás aprenderemos a vivir
en la epopeya del estrago.
Nunca será posible aceptar lo ocurrido,
hacer un pacto con el sismo,
olvidar a los que murieron.

12

Con piedras de las ruinas ¿vamos a hacer
otra ciudad, otro país, otra vida?
De otra manera seguirá el derrumbe*.

* *Las ruinas de México (Elegía del retorno)* se inscribe a la memoria de los muertos de septiembre, se dedica a Marcelo Uribe y a Hugo Gutiérrez Vega y es un testimonio de gratitud para quienes me acompañaron en aquellos días de 1985: Ricardo Aguilar, Coral Bracho, Julio Bracho, Elizabeth Daghlián, Rosario Ferré, Efraín Krystal, Daniel López Acuña, Amelia Mondragón, Danusia Meson, Alejandro Moreno, José Miguel Oviedo, Graciela Palau de Nemes, Martha Paley de Francescato, Lucinda Ruiz, Fernando Sánchez Mayans, Linda Scheer, Saúl Sosnowski, Graciela Uequín y Hugo Verani. El 18 de septiembre yo estaba en Maryland; logré volver a México el 21 y pasar aquí la primera semana posterior al terremoto. *Las ruinas de México* intenta aproximarse a esa doble experiencia.

Las termitas

A las termitas dijo su señor:
Derribad esa casa.
Y llevan no sé cuántas generaciones
de perforar, de taladrar sin sosiego.

Hormigas blancas como Mal inocente,
esclavas ciegas y de incógnito:
dale que dale en nombre del deber,
muy por debajo de la alfombra,
sin exigir aplauso ni recompensa
y cada cual conforme con su trocito.

Millones de termitas se afanarán
hasta que llegue el día en que de repente
el edificio caiga hecho polvo.

Entonces las termitas perecerán
sepultadas en la obra de su vida.

El cortesano

De tanto condescender ha llegado a doblarse para siempre.
Su nariz topa con la punta del pie.
No levanta la voz ni alza la cara.
Se impulsa con las manos que se le han vuelto patas.

Una vez consumada la abdicación de su yo
y la entrega absoluta al César,
lo mandan cuestabajo de un puntapié
–y desciende rodando.

De *Ciudad de la memoria*
[1989]

Los vigesímicos*

1

Porque en el siglo sexto alguien hizo sus cuentas
y llamó año primero
a la fecha impensable en que nació Cristo,
ahora para nosotros el terror del milenio,
los tormentos del fin de siglo.

Tristes de quienes saben
que caminan sin pausa hacia el abismo.
Tal vez hay esperanza
para la humanidad.
Para nosotros en cambio
no hay sino la certeza de que mañana
seremos condenados
*—el estúpido siglo veinte,
primitivos, salvajes vigesímicos—*
con el mismo fervor con que abolimos
a los *decimonónicos*, autores
—con sus ideas, sus actos e invenciones—
del siglo veinte, el siglo que no existe
sino en la imaginación de quienes miran
crecer la noche en este campo de sangre,

* El término fue acuñado por Francisco Montes de Oca.

este planeta de alambradas, este
matadero sin fin que está muriendo
bajo el peso de todas sus victorias.

2

Red de agujeros nuestra herencia a ustedes
los pasajeros del veintiuno. El barco
se hunde en la asfixia,
ya no hay bosques, brilla
el desierto en el mar de la codicia.

Llenamos de basura el mundo entero,
envenenamos todo el aire, hicimos
triunfar en el planeta la miseria.

Sobre todo matamos.
Nuestro siglo fue
el siglo de la muerte.
Cuánta muerte,
cuántos muertos en todos los países.
Cuánta sangre
la derramada en esta tierra.
Y todos
dijeron que mataban por el mañana:
el porvenir de azogue, la esperanza
que fluyó como arena entre los dedos.

Bajo el nombre
del Bien
el Mal se impuso.

Sin duda hubo otras cosas.
Para ustedes
queda el reconocerlas.

Por lo pronto
se acabó el siglo veinte.
Nos encierra
como el ámbar prehistórico a la mosca,
dice Milosz.
Pidamos con Neruda
piedad para este siglo
y sus sobrevivientes.

Porque al fin y al cabo
creó este presente el porvenir que choca
contra el pasado.

Fue un instante el siglo,
un segundo su fin.

Nos despedimos
para dormir en la prisión del ámbar.

[1987]

Parejas

Los insectos se acoplan sobre el agua
con una agilidad que Nijinsky hubiera envidiado.
Coreografía ensayada millones de años.

Se juntan sin hundirse, toman su fuerza
de la corriente y el abismo, logran
la pareja perfecta, el amor total.
Cumplen con creces lo esperado de ellos.

Tratamos de imitarlos y no es lo mismo.

Para ti

Más que botella al mar o vuelo del vampiro,
simple papel que va hacia ti en la calle, el poema.
O lo levantas o lo dejas pasar.
Lo lees o lo arrojas a la basura.

El viento sopla donde quiere.
Lo lleva a ti o lo conduce a la nada.
Es un milagro que tus ojos se posen
en un papel de la calle.
Haz con él lo que quieras.

Los mares del sur

Felicidad de estar aquí en esta playa
aún sin Hilton ni Sheraton.
Arena como al principio de la creación, victoria
de la existencia. Mira cómo salen
del cascarón las tortuguitas.

Observa cómo avanzan sobre la playa ardiente
hacia el mar que es la vida y nos dio la vida.
Prueba esta agua fresquísima del pozo.
No comeremos ni siquiera almejas
por no pensar en nada que recuerde la muerte.

Los paraísos duran un instante.

Llegan las aves, bajan en picada
y hacen vuelos rasantes y se elevan
con la presa en el pico: las tortugas
recién nacidas. Ya no son gaviotas:
es la Luftwaffe sobre Varsovia.

Con qué angustia se arrastran hacia la orilla,
víctimas sin más culpa que haber nacido.
Diez entre mil alcanzarán la orilla.
Las demás serán devoradas.

Que otros llamen a esto selección natural,
equilibrio de las especies.

Para mí es el horror del mundo.

De *El silencio de la luna*
[1994]

Retorno a Sísifo

Rodó la piedra y otra vez como antes
la empujaré, la empujaré cuestarriba
para verla rodar de nuevo.

Comienza la batalla que he librado mil veces
contra la piedra y Sísifo y mí mismo.

Piedra que nunca te detendrás en la cima:
te doy las gracias por rodar cuestabajo.
Sin este drama inútil sería inútil la vida.

Oscura entre las sombras

per umbras, oscuram...
Eneida VI, 45

Oscura entre las sombras, vio aparecer a Eurídice.
Intentó acercarse.
La muchacha sonrió y se perdió entre la gente.

El rock se amplificaba, la danza parecía
más una ceremonia de otro mundo
que un simple carnaval cuando ya está a punto
de comenzar el miércoles de ceniza.

Y todos eran jóvenes excepto él.
Los muertos no envejecen.
Continuaban intactos al ritmo y a la moda de mil
    [novecientos setenta.

Han pasado veinte años. Sin embargo,
debe seguir escribiendo,
una forma humilde pero contundente
de invocación.

No tiene otra a su alcance
para hacer que regrese de lo más hondo
por un instante
Eurídice, su amor, la joven muerta.

Armisticio

Durante mucho tiempo combatimos sin vernos las caras. Ellos eran los otros, los enemigos. Los veíamos caer o volar en pedazos. Sus proyectiles nos daban muerte o nos mutilaban. Nuestras relaciones solo tenían tres nombres: miedo, odio, desprecio.

Hoy se ha firmado la paz. Arrojamos las armas, avanzamos por lo que fue la tierra de nadie. Vemos las líneas de trincheras, los escombros, las fortificaciones, los despojos. Los otros salen a nuestro encuentro con la mano extendida para mostrar que no ocultan armas.

Alegría, asombro, reconocimiento. El enemigo no es un monstruo. Posee como nosotros una cara, un nombre, una historia que no existió antes ni se repetirá. Tiene padres, mujer, hijos, amigos, un pasado, un porvenir, un dolor, una vergüenza y cuando menos un recuerdo de dicha.

Trágico error la guerra. Somos hermanos. Con ser tan distintos nos parecemos tanto. Brindamos con aguardientes miserables. Intercambiamos raciones agusanadas. La fraternidad les da sabor de ambrosía. Nunca más, nunca más volveremos a entrematarnos.

De vuelta a casa, quienes nos esperaron y nos enviaban al frente regalos y cartas alentadoras, se nos muestran hostiles. Sentimos que nos reprochan haber sobrevivido y nos preferirían muertos y heroicos.

Todo nos separa. Ya no tenemos de qué hablar. Donde hubo afecto hay resentimiento, rabia donde existió la gratitud. Los mismos a quienes creímos conocer de toda la vida se han vuelto extraños. Qué desprecio en sus ojos y cuánto odio en sus caras. Los nuestros son los otros ahora. Cambia de nombre el enemigo. El campo de batalla se traslada.

El cobrador

Viene a cobrarme no sé qué.
Lo hago pasar a la sala.
Le muestro mis papeles.
Se hallan en orden.
Pero él insiste y amenaza y reclama.
Solo saldrá de aquí cuando me muera.

Mientras tanto seguirá furibundo,
echándome la culpa del desastre mundial,
la contaminación, el desempleo, la miseria, el fracaso
del socialismo real, el capitalismo salvaje,
la deuda externa, el efecto de invernadero, la droga,
la violencia, el esmog, el nuevo racismo, el cáncer, el sida,
o la promiscuidad o la explosión demográfica
o cualquier otra cosa –con objeto
de cobrarme su pena de estar vivo.

Trueno

No el fin del mundo,
sí de este mundo,
el trueno que en la sombra se escucha hondo.

Ahora estamos a la intemperie.
Somos los dueños del vacío.

Lolita

La señora de edad fue a visitarme y dijo:
«Le pago
por escribir la historia de mi vida.
Yo soy, yo fui Lolita. Usted sabe:
Lolita, la de Nabokov, Vladimir Nabokov,
el novelista ruso, *Lolita*.
Voy a contar lo que él no dijo. Prometo
revelaciones increíbles. Habrá
sexo y más sexo en mi libro».

Me disculpé. Nos despedimos.
En todos estos años he vuelto a verla
tratando de robar en supermercados
o acercándose a alguien en un café
para decirle
que ella es *Lolita* y debe reclamar
«la merecida gloria, robada
por Nabokov, un canalla
como todos los escritores».

Sí, he vuelto a verla de vez en cuando con gran tristeza.
Me duele
pensar en ella.
Ignoro si fue *Lolita* hace medio siglo.

Hasta ahora hay dos cosas ciertas:
vive muy pobremente en Tlatelolco
–y jamás ha leído la novela.

Horas contadas

¿Veis a la mosca horrenda? Alabadla. Antes de ser mosca fue el gusano que alimentó a un cadáver. Sin ella, sin su labor que roe todas las vanidades, la tierra sería un inmenso pudridero, agobiado por la carroña de quienes nos han precedido.

Padre ANTONIO OLIVERA, sermón del 2 de noviembre de 1691 en la Ciudad de México

Es la mosca que acaba de nacer.
El huevecillo de donde salió
tiene historia y estirpe.
Lo abandonó su madre en la cripta imperial.
Antes de convertirse en mosca anónima
fue el gusano
que devoró los párpados del rey
y el sexo inaccesible de la joven princesa.

Así pues, en la cuna bebió la tradición.
Su cuerpo está forjado por esa herencia impecable.
Tiene venticuatro horas para vivir su existencia entera.

Siente el poder inmenso de volar.
Deja la sombra, su dominio es el aire.
Lucha con otras moscas por su trocito de mierda.
Obtiene la victoria. Saborea su alimento.
Busca a la hembra más bella de su enjambre fugaz.
La sigue y la corteja con el vibrar de sus alas.
Qué hondo placer
la unión de sus dos cuerpos en la letrina sagrada.

Ella parte al encuentro de algún cadáver.
Han cumplido con el deber
de perpetuar la existencia absurda.

Y ahora él se enfrenta a la profusión de venenos,
el matamoscas y la cinta engomada,
los infiernos humanos de su especie.

Se ha salvado y no importa porque se acerca su plazo.
Y va a morir. Está muriéndose. Cae
en el río de la muerte que se lleva consigo
a las generaciones de las moscas.

Veinticuatro horas. Una guerra. Un amor.
Miles de huevecillos que serán moscas,
efímeras y eternas como sus padres.

Y él se pregunta al terminar su siglo y su ciclo:
–De verdad ¿eso fue todo?

De *La arena errante*
[1999]

Riverside Drive

Juega con su amiguito en Riverside Drive.
(Han caído las bombas y ha terminado la guerra).
Una tarde por fin lo invita a casa.
Ambos tienen cinco o seis años.
Nada saben de historia o geopolítica.

La madre le prepara el mejor sándwich
que ha probado en su vida.
El padre intenta ser no menos amable:

«Conozco tu país.
Pasé una noche en Tijuana.
Estas son las palabras que me sé de tu idioma:
puta, ladrón, auxilio, me robaron».

Niños y adultos

A los diez años creía
que la tierra era de los adultos.
Podían hacer el amor, fumar, beber a su antojo,
ir adonde quisieran.
Sobre todo, aplastarnos con su poder indomable.

Ahora sé por larga experiencia el lugar común:
en realidad no hay adultos,
solo niños envejecidos.

Quieren lo que no tienen:
el juguete del otro.
Sienten miedo de todo.
Obedecen siempre a alguien.
No disponen de su existencia.
Lloran por cualquier cosa.

Pero no son valientes como lo fueron a los diez años:
lo hacen de noche y en silencio y a solas.

Dominio de la lluvia

Aplomo de la lluvia. Certeza de su ataque contra la tierra. Diosa que otorga vida y muerte, la lluvia ha vuelto el cielo su dominio. Asedia la ciudadela del bosque y el fuerte de las casas. Hace tropas en desbandada de quienes íbamos por la tarde.

Violencia de la lluvia contra la hora, poderío capaz de extinguir el sol y su lumbre. El viento la estremece. Si intento mirarla cara a cara, la lluvia me ordena que me borre. Soy un objeto inerme ante el imperio del agua.

El lugar del crimen

El lugar del crimen sigue allí. La gente lo ve y no recuerda nada. El sitio ya es distinto. Si no cambiara no podría durar. Ya hubiera desaparecido como tantos otros escenarios de hechos monstruosos –la segunda fundación de esta ciudad, por ejemplo.

Evito pasar por casas amadas o aborrecidas. Sin embargo, mi diario camino hace inevitable que frecuente contra mi voluntad el lugar del crimen. Cada vez que lo veo intento frenar la representación interna de lo que allí ocurrió. Pero siempre me asaltan unas cuantas palabras y algunas imágenes irreconstruibles.

No es sentimiento de culpa. Nada tuve que ver con lo sucedido. Se trata de algo más: una incomodidad, una queja por la injusticia de todo, una duda incontestable acerca de cómo sería nuestra vida sin aquel crimen.

Inerte y caduco, el lugar está dispuesto a perderse en la voracidad de las demoliciones. Su naturaleza de escenario me intriga. Tal vez solo fue levantado para que allí se cometiera el crimen. Quizá su arquitectura siniestra produjo los acontecimientos. No lo sabré jamás. Estoy condenado a seguir pasando frente a él. Me gustaría no haberlo visto nunca.

Una sola palabra

Quisiera hablar contigo. Ha transcurrido mucho tiempo. No recuerdo una sola palabra del lenguaje en que nos entendíamos. Pero si llegáramos a vernos intentaría decirte algo: pez que abre la boca cuando se asfixia, aunque sea mudo como el cristal del acuario o la alambrada del campo de exterminio.

Otro segundo

Púmbale, dice el niño de cuatro años al caer en la hierba.
Púmbale, y el que se levanta del suelo es un hombre
altivo, cruel, implacable. No reconozco al niño a
quien veía jugar hace un instante mientras hablaba
con sus padres. Púmbale, y ahora es el derrotado.
Hasta sus más abyectos aduladores le han vuelto la
espalda. Púmbale, y otro segundo acaba de pasar y
todos nos caemos de viejos y a la siguiente exclama-
ción seremos polvo.

La ciudad de las esfinges

Llego a la ciudad de las esfinges. Me siento mal. No puedo comunicarme y la proliferación de mármoles me asfixia. Nadie me explica por qué una inmensa esfinge preside el lugar como la Acrópolis domina el panorama de Atenas.

El intérprete, hombre de pocas palabras, me deja a las puertas cerradas de un hotel. No se abrirán para mí. En vano espero su regreso. De repente, sin que tiemble la tierra, la gran esfinge se desliza, cae y se hace añicos. Tras ella se derrumban todas las demás. Salen multitudes de los edificios que me habían parecido amargos y hostiles y se entregan a pulverizar los despojos. Intento ponerme a salvo pero me ahoga el polvo de mármol.

Raya en la arena

Todas nuestras historias se han perdido como nuestros lugares. Imposible retener nada. Es como si escribiera en el agua. Dejo todo en impulsos eléctricos sobre una pantalla inestable y aun más precaria que el papel, más indefensa que una raya en la arena cuando se acerca el mar empeñado en borrarla.

Lemnos

Miles de años de luz queman a mediodía la playa de Lemnos. Buscas la cueva entre las rocas. Filoctetes no vive allí. No curarás la herida ni hallarás el arco. Solo te queda poner tierra de Lemnos sobre tus propias llagas y cicatrices.

Durante siglos se creyó que esta tierra era sagrada y curaba todos los males. Pero no puede contra la invasión de nosotros los bárbaros ni contra los plásticos, las latas de cerveza, las colillas, las envolturas de papel metálico que cierran para siempre el camino hacia Troya.

Boca del horno

Afuera está la selva ígnea, la espesura de piedras que arrojan fuego. El ventilador crea un iglú ilusorio. La humedad retrocede ante el círculo mágico. Frescura del palacio momentáneo erigido por el aire en movimiento. Su privilegio me sitúa entre quienes no se ahogan en el infierno.

Pero se va la luz y el mar de alquitrán me vence. Sombrío calor, boca del horno, Comala. La tierra entera se volverá rescoldo con nuestros huesos derretidos.

No

NO: la brevedad que se abre y se cierra. NO: la torre y el círculo. NO: la alta negación y el empecinamiento que se muerde la cola. NO: la primera palabra del primer diálogo y el último. NO: la mano que se levanta abierta y con los dedos extendidos para oponerse, prohibir, castigar, detener el paso, rechazar, afirmar la rotunda negativa, pedir que no ocurra lo que ya ha sucedido. NO: el signo universal grabado en las paredes de todo el mundo. NO: la celda circular y el cadalso que nos espera a todos.

Telaraña

Telaraña: la forma en que la baba se vuelve seda me recuerda el poema. La araña secreta sus secretos y al darles forma los expone a la vergüenza pública.

Dura poco su arte. La gente se complace en destruirlo. Por hermosas que sean, las telarañas se relacionan con el olvido, el abandono, la ruina. O cosas peores: la trampa, la tortura, la muerte.

Confesar afición o al menos respeto por las telarañas es declararse fuera del juego, al margen de la tribu. Como si a los quince años, cuando queremos ser aceptados en el equipo de fútbol o en la pandilla, confesáramos: «Me da pena decirlo: escribo versos».

También la araña escribe en la oscuridad un tejido de luz indescifrable. Al verlo en el cuarto que nadie ha visitado en muchos años, parece la escenografía de un drama ya invisible, los restos de una épica abolida.

Telaraña: crin de un caballo espectral, puente colgante entre el mundo de aquí y la noche que siempre está esperándonos.

La estación total

A la memoria de Joseph Brodsky

Otoño extraño, la estación total
en que los meses se concentran
para esperar su renovada muerte
y su otro nacimiento del que no somos parte.

El yermo otoño nos regala el don
de los poemas, precio del silencio
y la esterilidad que se prolonga
de enero a octubre.

Y una noche súbita
llegan unos tras otros,
todos de golpe.

Son, insisto, dones.
Hay que esforzarse para merecerlos.

Andarse por las ramas

Entre todas las rutas a mi alcance
elegí siempre andarme por las ramas:
gran frescura, gran vista, gran emoción
(pierdes el paso y acabarás estrellado),
gran compañía familiar de los pájaros,
lección de humildad:
sabernos extranjeros que malhablan la lengua
nativa de los monos y las ardillas.
Y tragedia final: el tigre
frecuenta insomne estos oblicuos caminos.

Al fin el porvenir

Al cabo de tanto ayer encontré un gran futuro.
Por fin la edad de oro, el buen tiempo, la bella época,
la que soñó cada una
de las generaciones de los muertos.

Todo en paz, todo en calma,
todo placer y armonía.
Sin lugar para el odio ni la crueldad.
Sin opresión, violencia ni amargura.

Gran lugar este porvenir presagio del cielo,
prometido por todos, visto por nadie.

Qué desgracia: el futuro también pasó.
Hoy se ha perdido en el ayer terrible.

De *Siglo pasado (desenlace)*
[2000]

Otredad, otra edad

¿Qué pensaría de mí si entrara en este momento
me encontrase en donde estoy, como soy,
aquel que fui a los veinte años?

Encuentro

Ya me encontré a mí mismo en una esquina del tiempo.
No quise dirigirme la palabra,
en venganza por todo lo que me he hecho con saña.
Y me seguí de largo y me dejé hablando solo
–con gran resentimiento por supuesto.

Endiosamiento

Si dejas que alguien te endiose
recuerda
que esta clase de laica
religiosidad acaba siempre
en la propagación del ateísmo.

Pintar las flores

Sin previa declaración de guerra invadieron
el país mientras él pintaba sus flores.

Siguieron las batallas y las derrotas.
Él continuó pintando sus flores.

Vino la resistencia contra el terror que desató el ocupante.
Él se obstinó en no abandonar sus flores.

Al fin los que hicieron el mal fueron vencidos.
Él prosiguió pintando sus flores.

Ahora reconocemos qué valiente fue ante todo ese horror
porque nunca dejó de pintar sus flores.

De *Como la lluvia*
[2009]

Contra el tirano

Escribió un libro entero contra el tirano.
Quinientas páginas
De epigramas hirientes y prosa ácida,
Inflamada por el más noble afán de justicia.

Documentó sus crímenes atroces,
Su poder tenebroso, su corrupción
Y el final desamparo de todo autócrata.

Esperó la condena a muerte,
La tortura, la cárcel o el destierro.
Pero al tirano le fascinó la invectiva.
Nada le agradó tanto como el revés de la trama.
Leyó bajo tanto odio la admiración,
En el tono indignado la voz de un cómplice.

Y lo nombró su secretario perpetuo
Y el redactor de sus edictos monstruosos.

La mayoría de edad

La mayoría de edad
No se alcanza por fecha de nacimiento
Ni consta en los archivos oficiales.

Nos graduamos de adultos nada más
Cuando alguien nos deja.

En plena juventud llega de pronto
El sabor de la muerte.

Ruido

Los grillos se alimentan de oscuridad.
Nadie sabe
De qué se trata su rumor incesante.

Acaso se interrogan sobre otro enigma:
Qué pretendemos decirnos
Con el ruido de nuestras bocas.

Papeles

No actué mal
Mi papel de bufón didáctico.

Al menos no aburrí a la concurrencia
Y obtuve algunos aplausos.

Con el pago podré escribir.
Lo difícil
Será mirarme al espejo.

Como si nada

Ya pasó todo
Y ahora
Nos vemos y nos hablamos como si nada,

Como si la Nada
Hubiera devorado lo que ocurrió entre nosotros.

El fin del mundo

El fin del mundo ya ha durado mucho
Y todo empeora
Pero no se acaba.

Simulacro

Arte de no decir, la telaraña que brilla
Como plata bajo el Sol de oro.
Su diseño parece abstracto.
Por su rigor debería
Estudiarse en un curso de arte.

La mente que concibió tal belleza
No puede ser despreciada
Aunque encarne en una alimaña
Que incita al exterminio a primera vista.

Sin embargo la obra no es arte puro.
Está comprometida con una causa feroz
Igual que la nuestra.

Es una trampa, un matadero sin sangre,
Un lugar de tormento donde no hay gritos.
Su limpidez, su gratuidad en apariencia
Y su espejismo de orden
No durarán mucho tiempo.

Cuando pase de nuevo por aquí encontraré
El laberinto mágico de urdimbres
Sembrado de cadáveres vacíos:
Los restos insepultos de las moscas
Que la araña atrapó en el simulacro
Para sorberles poco a poco
La amarga vida.

Enigma

El misterio que tú eres para mí
Y yo soy para ti
Y todos somos para todos...

¿Por qué actuamos así?
¿Por qué llegamos
A este momento inexplicable
(Que es hoy y siempre)?

Si supiera quién eres y quién soy,
Si supiese por qué eres y por qué soy,
La vida perdería su intensidad lacerante.

Dejaría de ser lo que es en verdad:
El enigma sin fondo.

Literatura y realidad

El tremendismo de la realidad,
Su incurable tendencia
Al melodrama y a lo absurdo.

La realidad es psicópata:
Jamás se compadece de sus víctimas.
Hace trampa al jugar con la esperanza.

Todo lo escribe mal con letras chuecas
Llenas de errores de sintaxis.
Ignora el ritmo, el tono, la armonía.
Confunde los papeles asignados.
Olvida lo que dijo en la otra página.

Debería entrar en un taller literario,
Aprender cuando menos rudimentos
De verosimilitud, coherencia y orden.

Sin embargo posee en alto grado
Una virtud artística suprema:
No se repite nunca,
Siempre es nueva,
Siempre nos deja con la boca abierta.

De *La edad de las tinieblas*
[2009]

Desorden de los factores

Les digo buenos días a las tinieblas. A lo que ya se va le ruego tomar asiento en los salones más recónditos de la intemperie. Envío pésames a los recién nacidos y felicitaciones a los muertos. Arrojo fuego al agua. Lleno de nieve los campos de sal para que el lodo se abra paso contra nosotros. Escalo en vano el fondo de los mares. Desciendo sin querer a las más altas cumbres.

Doy armas al cordero y ofrezco asado de lobo a mis visitantes. Pugno por abolir la primavera y perpetuar el invierno. Ahuyento la calma y celebro la llegada de la tormenta. Escupo al pan y venero la hambruna. Injurio al colibrí y adulo a hienas y chacales.

Todo me sale al revés a pesar de mis buenas intenciones. La noche que me invade no sabe que es noche. La vida se me acaba sin entender de qué se trata. El mundo insiste en ser como es, no como yo quisiera. El desorden de los factores divide la multiplicación y suma una resta divisoria.

El único tesoro

De niño le dijeron: «Allí donde termina el arco iris hay un tesoro». Desde entonces, cada vez que aparece la ilusión óptica, él busca aquel lugar mágico a sabiendas de que no hallará juntos los siete colores. En vez de cofres, joyas o monedas de oro encuentra mares de plásticos, basura, cascos, latas y, de un tiempo a esta parte, muchos cuerpos decapitados.

No obstante, un arco iris lo lleva a otro. Él sigue buscando aunque sepa que lo aguarda siempre el desengaño. La esperanza, por absurda que sea, triunfa siempre contra la experiencia abrumadora.

Museo del novelista o el porvenir de otra ilusión

De paso por la ciudad me llevan al museo erigido en su casa a un novelista del lugar. Todo parece tan viejo que nunca llegará a ser antiguo. Muebles metálicos de los 1950, máquina Olympia con cinta negra y roja, pluma fuente Parker 51, momificados cigarros Casinos, cenicero de ónix, miniaturas de la Venus de Milo, el Calendario Azteca y la Torre Eiffel.

Conocí aquellos escritorios, esa máquina de escribir, la cinta bicolor, la pluma «aerodinámica», la vieja marca de cuando se fumaba. Me acerco ya a la otra frontera y hay una parte mía en este cenotafio.

No se venden sus libros porque el museo carece de ejemplares: las novelas que publicó entre 1936 y 1955 no alcanzaron reimpresiones. Se exhiben desencuadernados tomos amarillos y manuscritos en trance de disolución. Atestan las paredes retratos que llamaban «fotos de estudio», instantáneas muertas como los muertos, premios, diplomas, viñetas de artistas ya desconocidos, entrevistas patéticas, reseñas enmarcadas de críticos hoy aún más ignotos que el maestro.

Fuera de su tierra nadie lo recuerda. Historias y antologías no volvieron a ocuparse de él desde 1960 por lo menos. Sí, pero el escritor no se propuso la vida eterna imposible ni pidió que le alzaran un monumento funerario.

Escribió y escribió lo mejor que pudo. No compitió con nadie ni le hizo daño a nadie. Tuvo al menos la dicha de su trabajo. Su única ambición fue terminar algunas páginas que deben de haberle dado placer a muchas personas. Merece la más piadosa forma de respeto: el olvido.

Dejemos que el tiempo consume su aniquilación. En vez de levantar mausoleos inhabitables entreguemos al fuego, al viento y no a la urna las cenizas de lo que fuimos y de lo que hicimos.

Pongo una frase hueca y firmo el libro de visitantes. En unos años más al ver mi nombre en esa página alguien dirá: «¿Quién era?».

Reality Show

En otro tiempo le pagaban por actuar. Él era Ulises, Orestes, David, Edipo, Calígula, Pilatos, Hamlet, Segismundo, Raskólnikov, Lincoln, Trotsky, Estragón o Kowalsky. Ahora le dan dinero por verlo vivir. Día y noche se registran hasta sus actos más íntimos, se recogen sus palabras triviales y todo es televisado a todas partes.

Cámaras y micrófonos testimonian qué triste y sórdida es la existencia humana. La única ventaja de su *reality show* es ser de verdad interactivo: a su vez el actor puede mirar a quienes lo enriquecen a cambio de observarlo en el gran circo del mundo como pantalla.

Pronto acabarán con él la insoportable convivencia y el tedio de que nuestras vidas sean en el fondo tan iguales. Todos queremos lo mismo y hacemos cosas terribles para lograrlo.

Si no lo conseguimos (lo más frecuente) la envidia, el odio y la amargura nos devoran. Si por excepción alcanzamos nuestros fines nos espera lo de siempre: el temor a perder el botín, la angustia del animal herido que se hunde en la poza atestada de pirañas.

El actor dice que ahora mismo lo único que anhela es la paz de los sepulcros. Pero la paz no existe en ningún lado y la tumba es uno de los lugares más activos del mundo.

A la corrupción nada le cuesta hacer visible la infinita fealdad que llevamos por dentro, convertirnos al fin en la viva imagen muerta de lo que siempre hemos sido bajo apariencias y disfraces.

Este es el verdadero *reality show* y nunca nos atreveremos a exhibirlo.

El arte del estrago

Durante más de un siglo el casco estuvo allí, árbol derribado que ya no da su luz, muro incapaz de frenar nada. El barco encalló y nadie se ocupó de retirar sus despojos. Fue como si alguien hubiera querido mantenerlo a la vista del puerto para recordar que las navegaciones suelen terminar en naufragios.

El mar primero desmantela y luego coloniza lo que dejamos a las olas. Bancos de peces, comunidades de moluscos, ejércitos de crustáceos, multitudes de algas, generaciones incesantes de microorganismos hicieron su fortaleza, su campo de batalla y su mausoleo en la estructura ya sin forma.

Ante todo el casco inútil fue el imperio del óxido. Los artesanos medievales colocaban su obra maestra, pulida a lo largo de toda su existencia, en el sitio más inaccesible de las catedrales. Si solo el ojo de Dios podía verla ellos quedan libres de vanidad y ambición de alabanza. Así, el óxido abnegado esculpió el casco y le dio las más hermosas texturas.

Excepto los niños que estaban aprendiendo a nadar y se fijaban como su meta aquellos restos, nadie se acercó a admirar el arte del estrago. Los adultos preferían mantenerse en silencio y a distancia, pensaban que aquel desecho era un llamado a la mala suerte.

Se ignora cómo pudo la nave encallar en esa celda de arena. No es posible que ningún timonel haya conducido el barco hacia esa trampa en las aguas bajas. Tal vez el desastre ocurrió en alta mar y la deriva llevó la embarcación hasta su sepultura al aire libre. Con el tiempo solo quedó el casco roído por la intemperie y el oleaje.

Un día fuimos a buscarlo y ya no estaba. Hasta los restos de las ruinas se hallan sujetos a la corrosión del tiempo. El casco se había disuelto por fin. Pero cuando el Sol se hunde en el océano un brillo metálico apagado recuerda por un instante el último testimonio de aquel naufragio.

Un ritual

Se trata, dice Alfonso Reyes, de un ritual masoquista inventado por los asirios. Quizá fue la manera de distanciarnos de los hirsutos antepasados. El rostro libre de vello demostraba que ya no éramos antropoides.

Ningún arte llega a aprenderse de verdad. Hasta en la disciplina practicada a diario desde edades tempranas hay siempre fallas, errores, movimientos en falso que se pagan con sangre. Inútiles la experiencia, el aprendizaje, la constancia, la técnica, la atención, el cuidado: como la página perfecta, la absoluta lisura no se alcanza jamás, aunque el cartucho de varias hojas se lleve jirones invisibles de piel y abra heridas microscópicas.

No importa el tiempo invertido. Así como en el texto mil veces revisado saltan los errores cuando ya no hay remedio, al terminar de afeitarse nunca falta un sector impune, una leve maleza irreductible a las navajas.

Quién sabe cuántas horas de mi vida he gastado en esta ocupación sin esperanza. Dentro de poco la barba asomará de nuevo y tendré que reanudar el proceso. Abandonada la tarea interminable, quedan millares de fragmentos. Formaron parte de mí un día y una noche y los arrasé como si fueran una vegetación enemiga.

¿Adónde habrán ido en tantos años los billones de barbas en embrión que he podado o talado ante el espejo?

Si la materia nunca se destruye, produce vértigo imaginar el destino de cada una de ellas. Estarán como parte de la Tierra, el mar o el polvo en algún sitio inconocible.

El ritual cotidiano deja una enseñanza: la verdadera recompensa del trabajo es el placer que hay en intentar hacerlo bien, aun a sabiendas de que en poco tiempo nuestro esfuerzo será inútil y habrá que recomenzar a partir de cero.

La última vez no seré yo quien pase metales afilados por mi cara. Nuestras costumbres funerarias exigen que el cadáver se despida del mundo tan pulcro como el día de su boda. La barba se mofa de nuestras pretensiones y sigue oscureciendo el rostro del muerto.

Cuchillo de palo

En casa del herrero hallé el cuchillo de palo. Quise abolir de un solo tajo las fortalezas y las prisiones del tirano, doblegar a sus huestes, arbolar los desiertos y remar contra la catarata que abismará mi frágil balsa.

Cuchillo de palo, arma que me desarma, escudo que no acierta a defenderme de lanzallamas y cañones, amuleto basado en creencias ya inexistentes. Desde hace mucho perdí la batalla y sin embargo no me rindo.